Dioniso e gli Altri

Il mondo maschile attraverso il Mito

Francesca Piombo

Dioniso su pantera, mosaico da Delo, II sec. a.C.

ISBN 978-0-244-18590-9

In copertina: Caravaggio, Bacco, 1596-1598

INDICE

I Diritti dei Proventi d'Autore saranno devoluti a "Telefono Azzurro"

PREMESSA

*"Il divino è giorno notte, inverno estate,
guerra pace, sazietà fame".*
Eraclito

Il libro fa seguito a quello da me scritto nel 2015 sugli archetipi del mondo femminile, "Arianna e le Altre", anch'esso pubblicato con la Casa americana di Autopubblicazioni "Lulu".

E' da molti anni che mi dedico all'approfondimento di studi umanistici, all'Astrologia, all'Alchimia, alla Psicologia mitica, discipline che permettono di leggere, attraverso il simbolo, dimensioni più sottili e profonde dell'esperienza umana, consentono di spiegare alcune scelte della vita individuale che altrimenti risulterebbero incomprensibili, ne illuminano il mistero.

Anche questo libro, come i precedenti, si rifà alla filosofia del Padre della Psicologia Analitica Carl Gustav Jung (1875-1961) e al suo "Percorso d'individuazione dell'Io", inteso come l'imprescindibile spinta che muove ogni individuo a compiere se stesso, a conoscere ciò che lo esprime nella sua interezza e da tutti i punti di vista, fisici, materiali, ma soprattutto spirituali.

La filosofia junghiana è una filosofia dello Spirito.

Definito dalla critica "il mistico senza religione" o "il profeta gnostico", in realtà Jung fu particolarmente attento al messaggio religioso, inteso non nel senso di una religione imperniata su dogmi e precetti astratti, quanto sull'onda dello stesso termine "re-ligere", "riunire" e quindi integrare le singole parti della personalità in un Tutto onnicomprensivo, giungendo ad una sintesi che riassuma l'individualità. Da questo sforzo, personale e soggettivo, l'uomo scopre lo spirituale che è in lui, scopre il significato della sua esistenza, il sacro che la permea, ne abbraccia il "divino".

Fu per questo che Jung dedicò tutta la sua esistenza ad allineare ciò di cui faceva esperienza nella vita di tutti i giorni con ciò che poteva elevare il suo Spirito; le sue ricerche, i suoi studi, ciò che lo entusiasmava così come ciò che lo preoccupava o lo inquietava diventarono per lui uno strumento di lettura di se stesso, per conoscersi meglio e soprattutto migliorarsi ed evolvere. Questo percorso fu sempre assistito da un coraggio senza pari, perché la filosofia junghiana è "la filosofia del coraggio": per praticarla, per realizzare ciò che si prefigge e cioè "l'Integrazione dell'Ombra" e la "riunificazione degli opposti psichici", cardini dell'intero processo, ci vuole innanzitutto coraggio, accompagnato dalla sana capacità di mettere in discussione se stessi, nella convinzione che ciò che si scoprirà su di sé sarà lo specchio della propria individualità, della propria natura essenziale, della propria specificità, non più assoggettata a schemi, ruoli e idee proprie del sentire collettivo, ma specchio fedele e puntuale della propria natura essenziale.

Carl Gustav Jung, Kesswil, 26.07.1875-Kusnacht, 6.06.1961

Un traguardo che permette di raggiungere la consapevolezza che la vita è un miracolo, che le esperienze sono tutte utili, sia quelle positive che quelle spiacevoli, tutto acquista un significato, acquista uno scopo, acquista un senso.

Così com'è avvenuto per il saggio sulle dee greche, ho elaborato il libro trattando dal punto di vista mitologico, astrologico ed archetipico gli dei greci, quelli che a mio avviso possono essere considerati i più rappresentativi nel panorama del mito greco. Sappiamo, infatti, come gli antichi guardassero al mito come a un contenitore di archetipi universali, in cui l'uomo poteva riconoscersi ed attraverso i quali poteva evolvere. Gli dei dell'antica Grecia diventano così esempi attraverso i quali l'uomo può incontrare se stesso e la propria specifica natura archetipica; può analizzarsi e comprendere il perché di certi eventi, avere la speranza di poter migliorare la sua vita, perché contemporaneamente – attraverso la conoscenza di sé - migliora se stesso.

Gli archetipi divini sono forze che si agitano nel profondo, che si avvertono potenti e sconosciute e se da un lato appaiono arcaiche, primitive tanto da disturbare potentemente la coscienza, dall'altro sono un pozzo immaginativo di valore inestimabile, ci guidano e ci spingono a migliorare noi stessi perché posseggono la sapienza dell'insieme di tutte le culture, di tutti i tempi, di tutte le emozioni che hanno caratterizzato la storia umana; è attraverso queste forze che l'uomo può fare esperienza degli istinti primordiali e contemporaneamente del divino, dello spirituale e del sacro che vive in lui. Una volta che avrà fatto esperienza del suo Sé interiore, l'avrà conosciuto e riconosciuto nelle sue qualità e nei suoi aspetti regressivi, l'avrà onorato senza giudicare, ma comunque impegnandosi a migliorare quanto di sé va trasformato, potrà aprirsi all'altro con una nuova maturità, potrà comprenderne le ambivalenze e le contraddizioni, perché non avrà avuto timore di guardare in faccia le proprie.

Iniziando dal dio Kronos e dal mito della creazione, ho via via illustrato gli archetipi che possano ritrovare un riscontro nella psicologia maschile dei nostri tempi, un tentativo fatto da una donna e quindi da leggere con indulgenza per quanto da me osservato, studiato e interpretato ma non vissuto, se non di riflesso. Il titolo del libro è dedicato alla mitologia del dio Dioniso, figura per me riassuntiva del percorso evolutivo dell'uomo, dal suo nascere da donna fino al difficile compito di realizzarsi come individuo autentico, integro e completo.

KRONOS, SATURNO

Sempre fiorente, padre degli dei beati e degli uomini,
dai vari espedienti, incorrotto, di grande forza,
prode Titano,
che tutto esaurisci e al contrario tu stesso accresci,
che hai legami infrangibili nel cosmo infinito,
che abiti in tutte le parti del cosmo, capostipite,
dai disegni tortuosi, ottimo: ascoltando la voce supplice
manda un felice termine di vita sempre irreprensibile.

(Dall'Inno orfico a Kronos)

Saturno, Codice De Sphaera, 1470 ca.

Il mito.

Il mito del dio Kronos si riallaccia direttamente al grande mito greco della creazione riportatoci da Esiodo nella sua *Teogonia* in cui leggiamo che Urano, il Padre Cielo, si univa continuamente con Gea, la Madre Terra,

8

generando figli che a lui sembravano sempre non solo imperfetti, ma addirittura mostruosi: i Titani, i Ciclopi e gli Ecatonchiri, giganti dalle cento mani.

Quando un oracolo gli profetizzò che uno dei figli lo avrebbe detronizzato e si sarebbe insediato al posto suo, Urano decise di esiliare i Titani e i Ciclopi nel *Tartaro,* un luogo di pena e d'espiazione ed impedì di nascere ai nuovi figli che concepiva, costringendoli a restare sepolti nelle viscere della Madre Terra.

A quel punto Gea, sua sposa, non sopportando più il peso di questa situazione, si rivolse al figlio Kronos, Saturno per i Romani, che si ribellò al padre, lo castrò ed iniziò a regnare al posto suo.

Giorgio Vasari, La mutilazione di Urano da parte di Crono, 1560

Divenuto a sua volta padre, Kronos, anche lui avvisato da un oracolo della perdita del potere ad opera di un figlio, peggiorò il comportamento del padre perché non si limitò a tenere i figli concepiti con la moglie Rea dentro le viscere della terra, ma addirittura li divorò, tenendoli ingoiati nella sua stessa pancia.

In ordine Kronos divorò Estia, Demetra, Hera, Ade e Poseidone.

Inorridita da questo modo di fare, Rea decise di nascondergli l'ultimo nato Zeus, sostituendolo con una pietra che diede da ingoiare a Kronos; allontanò quindi in fasce il neonato, perché fosse allevato altrove e non subisse la stessa sorte iniqua capitata ai fratelli. A quel punto Zeus, una volta adulto, tornò per liberare i fratelli ingoiati: squarciò infatti la pancia del padre e tirò fuori uno ad uno gli altri dei, da cui fu proclamato unico Signore e massima divinità dell'Olimpo tutto.

Kronos, dal canto suo, fu lasciato dal mito nell'oblio per molto tempo, fin quando non lo ritroveremo più avanti in qualità di Re autorevole e saggio nella così detta "Età dell'Oro", durante la quale gli uomini lavoravano e raccoglievano i frutti del loro lavoro, perché erano ormai riusciti a rispettare e comprendere i cicli della Natura.

Il processo d'individuazione.

Il mito del dio padre Kronos, può essere considerato a livello simbolico il punto di partenza di ciò che Carl Gustav Jung chiamava "Processo d'individuazione dell'Io" e cioè quel percorso di differenziazione dalla psicologia collettiva che ha come obiettivo finale lo sviluppo dell'individuo, dal latino "non diviso".

Ma "non diviso" era anche uno degli appellativi del dio Dioniso, a cui ho dedicato il titolo del libro, come a dire che lo sforzo da compiere nel percorso d'individuazione è proprio quello di rimpossessarsi di tutte quelle parti della propria natura che sono state negate e confinate nell'inconscio, rinunciando a false identificazioni, per giungere ad autodeterminarsi e compiere se stessi, farsi integri, individuati e soprattutto liberi.

Scrive Jung: "L'individuazione è in generale il processo di formazione e di caratterizzazione dei singoli individui e in particolare lo sviluppo dell'individuo psicologico, come essere distinto dalla generalità, dalla psicologia collettiva. La necessità dell'individuazione è una necessità naturale, tanto che impedire l'individuazione, attraverso il tentativo di stabilire delle norme ispirate prevalentemente o addirittura esclusivamente a criteri collettivi, significa pregiudicare l'attività vitale dell'individuo".[1]

L'individuazione è quindi un percorso automatico della psiche verso la completezza, che può far raggiungere la totalità all'individuo proprio attraverso l'incontro della parte cosciente, Io, con quella inconscia, Sé.

Ricordiamo che, accanto all'inconscio personale teorizzato da Sigmund Freud, Jung introdusse il concetto di "Inconscio collettivo", un substrato psichico innato, una fonte originaria arcaica che affonda le sue radici nella notte dei tempi e che, preesistendo all'Io stesso, condiziona ed orienta i comportamenti individuali, nonostante la barriera razionale prodotta della coscienza.

---

[1] C.G. Jung. Tipi psicologici, Bollati Boringhieri, Torino 1948, pag. 463

Leggiamo ancora Jung: "Al di là dell'inconscio personale troviamo non solo le qualità acquisite individualmente, ma anche quelle ereditate, dunque gli istinti, come impulsi a compiere azioni senza una motivazione conscia, per una necessità. Gli istinti e gli archetipi costituiscono l'inconscio collettivo. Chiamo collettivo questo inconscio perché, al contrario di quello personale, non ha contenuti individuali, cioè più o meno unici, ma contenuti diffusi universalmente e allo stesso modo".[2]

Questo implica anche che l'inconscio collettivo non sia assoggettato a regole spazio-temporali a tal punto che l'uomo, nell'entrare in contatto con questa dimensione psichica, può trascendere la sua storia personale ed agganciare direttamente la storia di tutta l'umanità. Questo perchè l'inconscio racchiude in sé il passato e il presente della persona, ma in nuce anche il suo futuro, perché è in quest'area che saranno anticipati i futuri processi a cui darà vita la mente conscia. In più, l'inconscio è duale e contiene ogni aspetto della psiche umana nella sua polarità: maschile e femminile, positivo e negativo, materiale e spirituale e tutti quei contrari che si alternano nella psiche umana dall'alba dei tempi. Dei due poli, uno è strettamente legato all'istinto e al corpo, l'altro rientra nella sfera spirituale dell'essere.

Ed è questo il motivo per cui i miti, le fiabe, le leggende ed i riti dei popoli più antichi, precedendo la storia stessa, hanno tutti una matrice universale che li accomuna e che può essere attivata e contattata dall'individuo attraverso la funzione simbolica della mente.

Scrive Christopher Vogler nel suo "Il viaggio dell'eroe": "I miti e la maggior parte delle storie costruite secondo il modello mitologico sembrano riecheggiare verità interiori. Queste storie sono modelli molto precisi dei meccanismi della mente umana, vere mappe della psiche valide ed emotivamente realistiche, anche quando rappresentano avvenimenti fantastici o irreali. Ciò spiega il loro potere universale".[3]

Inconscio personale ed inconscio collettivo quindi, agiscono sulla psiche così come fa la coscienza, hanno una propria attività e condizionano decisioni e scelte. Negarne l'esistenza, come tende a fare il più estremo razionalismo e quindi negare anche l'utilità dell'introspezione e dell'autoanalisi, delega l'uomo ad incontrare il suo inconscio fuori di sé, attraverso eventi, situazioni e persone che gli faranno da specchio per

---

[2] C. G. Jung, Ricordi, sogni, riflessioni, Bur Milano 2016, pag. 488
[3] C. Vogler, Il viaggio dell'eroe, Dino Audino Editore, Roma, 2017, pag. 24

illuminare quelle aree sconosciute della sua psiche, che chiedono di essere sondate.

Scrive Roberto Assagioli nel suo "Psicosintesi": "Se noi non vogliamo essere spinti quali marionette mosse da fili invisibili, se vogliamo essere consapevoli del come, del perché pensiamo ed agiamo in dati modi, dobbiamo fare un esame profondo, coraggioso di questa zona oscura che è in noi". [4]

La "zona oscura" di cui parla Assagioli, l'Ombra, può essere illuminata dall'altro archetipo a lei contrapposto, la Luce. Se infatti l'Ombra è il deposito dei complessi e delle parti negative che sono state rimosse a partire dall'infanzia perché non rispondevano agli ideali di perfezione dell'Io, la "Luce" è il contenitore di tutte le qualità più belle della personalità, su cui l'individuo fa affidamento per muoversi nel mondo a contatto con gli altri. Illuminare l'Ombra è un processo automatico della psiche a cui non ci si può opporre. E' la psiche stessa che mette in moto questo bisogno di completezza e forse è proprio questo il motore dell'intera incarnazione.

Scrive Jung nel suo "L'uomo e i suoi simboli": "Quando qualcosa esce dal campo della nostra coscienza essa non cessa di esistere allo stesso modo che un'automobile scomparsa dietro l'angolo della via non è scomparsa nell'aria: essa è soltanto inaccessibile alla nostra vista. Perciò, come è probabile che si possa vedere quella stessa automobile, così possiamo incontrarci di nuovo con quei pensieri che momentaneamente sono venuti a mancare nella nostra mente". [5]

Secondo Jung, illuminare l'inconscio ed aprirsi a quanto in esso è racchiuso fin dall'infanzia è lo scopo della vita, solo a quel punto l'individuo potrà diventare ciò che è già in potenza alla nascita, al di là di ciò che ha ereditato dalla tradizione familiare o che gli è stato indicato o addirittura imposto dalla mentalità collettiva.

Ciò non significa che Jung non desse valore alle norme e alle regole del collettivo; proprio per il fatto che l'individuo vive in un contesto allargato, è di vitale importanza che partecipi a ciò che è condiviso e riconosciuto dalla società in cui vive, così come leggiamo: "Per il fatto stesso che l'individuo non è soltanto un essere singolo, ma ha anche rapporti collettivi per poter esistere, il processo d'individuazione non porta all'isolamento,

---

[4] R. Assagioli, Psicosintesi, Astrolabio, Roma 1993, pag. 20
[5] C. G. Jung, L'uomo e I suoi simboli, Loganesi, Milano 2013, pag. 16

bensì ad una coesione collettiva più intensa e più generale". [6]

Il compito primario dell'individuo però è quello di differenziarsi da ciò che è convenzionalmente tramandato e seguito, per esprimere quanto di personale e di specifico della sua individualità può portare al mondo.

E' il dono di sé al mondo.

Ecco perché, secondo Jung, individuarsi è un dovere sociale, perché la capacità di autodeterminazione del singolo potrà dare vita ad una collettività migliore, proprio perché maggiormente differenziata, consapevole e soprattutto responsabile.

L'archetipo psicologico.

> *"Ciò che hai ereditato dai padri,*
> *riconquistalo se vuoi possederlo davvero".*
> *J. W. von Goethe*

Abbiamo visto come il mito della creazione stia alla base dell'intero sistema archetipico che ci ha lasciato il mondo greco.

Ad un'attenta osservazione, si può individuare in una personalità quale sia l'archetipo divino dominante, quello che condiziona comportamenti e scelte, a differenza di altri archetipi che rimangono silenti fin quando la vita li porterà prepotentemente alla ribalta, perché bisogna farne esperienza per diventare completi.

Scrive Jean S. Bolen nel suo "Gli dei dentro l'uomo": "Gli archetipi degli dei sono modelli che governano le emozioni e il comportamento; sono forze potenti che esigono quanto è loro dovuto. Se riconosciuti a livello cosciente e onorati dall'uomo (o dalla donna) in cui vivono, lo aiuteranno ad essere veramente se stesso. [...] Ma anche se disonorati o negati eserciteranno la loro influenza, in genere distruttiva, perchè eserciteranno sull'uomo un diritto inconscio". [7]

Gli archetipi sono quindi modelli universali inconsci che si attivano

---

[6] Ibid., pag. 464
[7] J. S. Bolen, Gli dei dentro l'uomo, Astrolabio, Roma 1994, pag. 20

quando la vita ne impone l'esperienza. Sono funzioni che possono restare silenti anche per lungo tempo, fin quando sarà fondamentale attivarli per raggiungere la completezza del proprio essere.

La psiche vive automaticamente queste pulsioni in maniera quasi compulsiva, perché sono istinti che si generano da livelli inconsci che non possiamo controllare. Da ogni modello, individualmente, se ne possono generare altri, a tal punto che Jung parlava dell'archetipo come di "un vaso che non si può svuotare né riempire mai completamente. Esso esiste solo in potenza e quando prende forma in una determinata materia non è più lo stesso di prima". [8]

L'archetipo saturnino, collegato al dio padre Kronos, è un modello dominante nella psiche, quanto meno per i simboli che lo riguardano, incentrati principalmente sul concetto di affermazione, di potere, di controllo e di autorità.

Guardando al mito, si nota che trattasi dello scontro generazionale tra padri e figli su un insieme di leggi e regole che vengono testate e spesso ribaltate dalle nuove generazioni, precisando che col termine "padre" non ci si riferisce al padre reale, quanto all'archetipo rappresentativo dell'insieme delle regole fissate dal patriarcato. E' questa una costante che si ripete come un bisogno esistenziale, perché imperniata sul desiderio innato che spinge l'uomo a migliorare se stesso, a costo di lottare contro ciò che è stato tramandato pedissequamente come insieme di regole a cui è obbligatorio obbedire, anche se ritenute ingiuste e soprattutto migliorabili.

Ma il mito saturnino mette soprattutto l'accento sulla possibilità che la violenza e l'ingoiamento delle qualità filiali da parte di un padre tiranno, così come faceva Kronos nei confronti dei figli, se non illuminate dall'individuo e portate alla coscienza, non potranno che essere automaticamente da lui ri-agite in maniera peggiorativa, fin quando non verranno rivisitate per essere sottoposte all'esperienza individuale e solo a quel punto confermate o lasciate andare. L'archetipo saturnino del mito riflette un percorso psicologico ben preciso, con tappe fisse e conseguenziali che vedranno spesso il figlio far suo il *modus vivendi* paterno per poi essere spinto a metterlo in discussione per testarne la bontà e le corrisponenze con la propria verità,

---

[8] C. G. Jung, Prolegomeni allo studio scientifico della mitologia, Bollati Boringhieri, Torino 1964, pag. 146

per concludere – in un percorso sano d'individuazione - a scegliere autonomamente e liberamente come condurre la propria vita, un *modus* che non avverrà più per semplice passaggio del testimone, ma dopo che sia stato sottoposto al vaglio dell'esperienza personale, quindi scelto e fatto proprio.

Esaminando come Saturno si unisce al Sole di nascita, alla Luna e ai pianeti personali, Mercurio, Venere e Marte, potremo avere una personalità con delle costanti psicologiche ben precise, che prospetteranno una natura archetipica di un certo tipo.

Il Sole astrologico.

Prima di parlare dell'archetipo astrologico saturnino, è bene fare una premessa sul valore, il significato e l'importanza del Sole in astrologia, il Segno sotto cui si nasce, il simbolo dell'Io junghiano.

Ciò che bisogna innanzitutto sottolineare è che il Sole racchiude in un'essenza unica la parte maschile e quella femminile della personalità.

Esprime quindi un principio maschile, cosciente, razionale ed attivo che passando attraverso l'integrazione di quello femminile, inconscio, istintivo e ricettivo, permette all'Io di raggiungere uno stadio di pienezza, d'identità completa, così come ben rappresentato dal suo glifo, un cerchio con un punto in mezzo: un tutto in cui le due parti opposte, maschile e femminile che identificano la persona, si sono confrontate, riconosciute ed integrate tra loro, senza che l'una escluda l'altra o la metta a tacere.

Per questi motivi, per il fatto di rappresentare le radici stesse dell'essenza individuale, il Sole astrologico simboleggia il "padre" e quale sia stato il rapporto intercorso con lui e per estensione con il mondo maschile; simboleggia quindi il lavoro e l'intero progetto di vita.

Ogni Sole astrologico ha un compito ben preciso da realizzare; infatti il luminare non sta ad indicare com'è la persona, di che stoffa è fatta, quanto il suo divenire, ciò che dovrà diventare e "fare di sé".

Scrive Liz Greene nel suo "La relazione interpersonale": "Vivere pienamente il potenziale del Sole è il viaggio di tutta la vita. Così possiamo dire che il vostro segno non vi "fa" niente in particolare, piuttosto esso simboleggia quelle energie, quel mito particolare di cui state cercando d'imparare a divenire coscienti e ad esprimerlo in modo creativo. E' compito di ogni individuo rendere conscio e condurre attraverso il canale della propria unica individualità il significato del simbolismo del segno del Sole, così che porti impressa l'essenza misteriosa del proprio Sé". [9]

Dietro ogni Sole, sia esso posto in un Segno di Terra, Acqua, Fuoco o Aria c'è un progetto da realizzare, uno scopo ben preciso che vedrà l'individuo, ad un certo punto della sua vita, rispondere a più "chiamate", così come il suo Sole indica nella mappa astrologica. Le chiamate saranno talmente imperiose che l'individuo non potrà sottrarsi, ignorandole; ne andrebbe infatti della sua realizzazione, della sua completezza di uomo maturo e compiuto. Le chiamate saranno tutte spirituali, perché il Sole astrologico sta ad indicare la nostra connessione col Divino, il nostro bisogno di fusione col sacro che vive e risplende in ogni creatura.

L'archetipo dell'eroe e il suo viaggio.

Nell'illustrare "Il Viaggio dell'eroe", la psicologia junghiana si sofferma su un punto cruciale, ma anche fondamentale per il compimento dell'intero viaggio: è quando, nel bel mezzo di un momento disperato in cui tutto appare buio e non sembra esserci più speranza; nel momento in cui l'eroe sente come di lottare contro forze tremende e sta quasi per soccombere, è proprio in quell'attimo che si ricorda di avere in tasca un amuleto, una noce, una monetina, un qualcosa datogli da una figura amica incontrata per caso durante il viaggio, che gli consente, nonostante gli attimi terribili che sta attraversando, di continuare a credere di potercela fare.

Nella mitologia, così come nelle fiabe, l'eroe deve sostenere una battaglia contro un mostro, così fu per esempio per Teseo nei confronti del Minotauro, per Perseo contro Medusa, per Giasone contro le Arpie e il drago a guardia del Vello d'oro.

Queste battaglie mitiche sono il simbolo della lotta interna che l'individuo/eroe deve sostenere per raggiungere un tesoro, una meta ambita, che non è altri che il possesso della sua anima, la padronanza di sé attraverso il trionfo sulle forze più regressive e, in sintesi, la rivelazione della sua totalità.

La lotta con creature fantastiche che di solito troviamo in queste battaglie mitiche è spesso coronata non solo dal possesso di qualcosa di soprannaturale, ma soprattutto dalla liberazione di una figura femminile, di

---

[9] L. Greene, La relazione interpersonale, Astrolabio, Roma 1989, pag. 32

solito una principessa, che altri non è che l'anima dell'uomo che aspetta solo di essere affrancata dalle forze ctonie dell'inconscio.

La "lotta col drago" che troviamo in molte fiabe e leggende antiche e su cui mi soffermerò più avanti simboleggia proprio la sconfitta del lato terribile del femminile, quello che inibisce la parte creativa e feconda, la principessa, l'unica che può congiungersi con l'eroe e dare vita allo *Hieros gamos*, le "nozze sacre".

Raffaello Sanzio, San Giorgio e il drago, 1505

L'archetipo dell'eroe è quindi un archetipo fondamentale della filosofia junghiana che si manifesta innanzitutto nel passaggio dall'infanzia all'adolescenza, non solo dal punto di vista biologico, ma anche psicologico ed emotivo: l'adolescente sa che non può più accettare l'eredità genitoriale senza metterla in discussione ed è per questo che intraprende un viaggio di conoscenza per definire se stesso e quanto dell'eredità trasmessa sia da accogliere perché valido e da riconfermare, oppure da rifiutare perché superato, o semplicemente incompleto e da perfezionare.

Si tratta quindi di un percorso scandito da tappe fisse e ben delineate, ad iniziare dalla separazione da tutto ciò che appartiene all'infanzia, madre, famiglia, affetti, per ricongiungersi con la propria verità, con la propria natura essenziale.

Ma l'archetipo dell'Eroe, nella sua parte più bella, è soprattutto la spinta a riconoscere che la realizzazione del proprio progetto individuale non può prescindere dalla volontà di operare anche per il cammino evolutivo di tutta l'umanità. La radice del termine "eroe" infatti, significa "proteggere e servire", inserendo nella parola il concetto di sacrificio e lo spirito d'abnegazione. "Sacrum facere" significa "rendere sacro", perché si può sacralizzare il progetto della propria vita anche nella quotidianità.

Scrive la psicologa americana Carol S.Pearson in "Risvegliare l'eroe dentro di noi": "L'Eroe può essere anche il conquistatore, l'uomo o la donna che insegue ciò che vuole – una nuova terra, la fama, la fortuna, l'amore, la libertà – e lo ottiene. Ma non è la capacità di ottenere ciò che vogliamo e di difendere i confini che ci rende, di per sé, Eroi. [...] Ciò che fa di un essere umano un Eroe è una nobiltà di spirito che si manifesta in interesse e compassione per gli altri. E' questa che porta gli Eroi a salvare le vittime. La preparazione al Viaggio richiede che ciascuno di noi sia socializzato quanto basta a funzionare positivamente nella società in cui vive e a un certo punto si separi dalla visione collettiva del mondo per sostenere valori, opinioni e desideri personali. Richiede infine che usiamo questa capacità di autonomia e indipendenza non solo per fini egoistici, ma nell'interesse della collettività".[10]

L'archetipo astrologico saturnino.

Riprendiamo ora il discorso sull'archetipo saturnino, precisando subito che quando Saturno tocca il Sole di nascita, così come ci ricorda il mito, c'è sempre una sorta d' "ingoiamento" che subisce la persona nei confronti del suo "essere al mondo", una base di partenza che implica una qualche difficoltà a vivere spontaneamente la propria esistenza, senza riferirsi costantemente a stereotipi di perfezione, a modelli in cui doversi riconoscere.

Di solito il Sole/Saturno non ancora integrato giudica senza avere diritto di giudicare, o meglio, senza aver fatto esperienza di ciò che sta

---

[10] C.S. Pearson, Risvegliare l'eroe dentro di noi, Astrolabio, 1992, pagg. 39-40

giudicando.

Ma soprattutto il saturnino giudica se stesso: inflessibile nei confronti dei propri errori, non riesce a rilassarsi e a godere della vita con quella pienezza che regalano il distacco e la moderazione, la saggezza ed il buon senso. Questo perché Saturno, archetipo dell'efficienza, del controllo e della perfezione nel fare, incide potentemente sulla struttura individuale fin dalla nascita e soprattutto nel periodo in cui il bambino dovrebbe aprirsi con gioia e fiducia al mondo e formarsi gradualmente alla speranza e alla stima di sé.

Se queste caratteristiche di rigidità e difficoltà ad abbandonarsi al fluire della vita sembrano attenuarsi in chi presenta il binomio in aspetto così detto armonioso (sestile e trigono), per cui la persona si presenta comunque autorevole e particolarmente attenta ai dettami dell'etica e della morale, finiscono per esasperarsi ed igigantirsi in chi presenta il binomio in aspetto così detto dinamico (congiunzione/quadratura/opposizione), per cui il rigore, il bisogno di controllo e di potere che simboleggia Saturno finiscono per irrigidire ulteriormente tutta la personalità, che si sviluppa fin da subito con molte *defaillances* per un forte senso d'inadeguatezza che la inonda e che finisce per minare profondamente l'autostima individuale e l'amor di sé.

Generalmente, nel Saturnino (ricordiamo che si definisce tale chi abbia Saturno che tocca il Sole e/o i pianeti personali, ma anche il Capricorno, o chi abbia il Sole nella decima casa dell'oroscopo) c'è una certa propensione a vivere l'archetipo nella sua parte più faticosa, quella che impone spesso la rinuncia a tutto ciò che può essere la parte ludica della vita per concentrarsi solo sull'efficienza, su come le cose dovrebbero andare per essere giudicate perfette, giuste, complete; da parte dell'individuo c'è spesso un attaccamento alla forma, più che alla sostanza, c'è la rinuncia ad esprimere la propria autenticità, ad essere se stesso, vero con se stesso, perché è più forte l'esigenza di apparire perfetto ed infallibile di fronte agli altri.

Gli "altri" sono il giudice severo e implacabile che il Saturnino alberga dentro di sé, una sorta di sabotatore interno che è piuttosto lo specchio del senso d'inadeguatezza e di fallimento che lui sente fin da bambino e che cercherà, almeno fino ai trent'anni, di colmare dando tutto di sè, non risparmiandosi nel fare, visto che è cresciuto col binomio psicologico che "solo se fai, sei".

Il senso d'identità passa quindi attraverso il "fare" più che attraverso l'"essere", passa attraverso l'approvazione o la disapprovazione altrui più che attraverso il proprio sentire, in totale autonomia e libertà dagli schemi imposti da fuori.

Considerando che il Sole in astrologia simboleggia il padre, ma anche il lavoro, è probabile che la figura paterna sia stata la depositaria di tutto quest'insieme di stereotipi, rigidi e severi, che poi hanno intessuto fin nel profondo la stoffa caratteriale della persona, a partire dall'infanzia.

Secondo Jung, è proprio l'infanzia quel periodo fondamentale della vita in cui, a seconda dell'amore ricevuto dalle figure di riferimento, a seconda dell'approvazione e dell'accettazione dimostrate da chi aveva potere su di lui, l'individuo ha potuto costruire un tessuto psicologico sano e completo, in grado di permettere un altrettanto sano e paritario scambio con gli altri nell'età adulta.

Scrive Liz Greene in Astrologia e Destino: "Se, partendo dai conflitti e dalle tensioni di un proprio dramma personale, l'individuo guarda all'indietro, allora può intravedere il mito familiare, che tocca in rapida sequenza il padre, la madre, i nonni ed i bisnonni e che risale all'infinito". [11]

Ci tengo comunque a precisare che, secondo quanto afferma l'Astrologia Umanistica, non si può attribuire soltanto alle figure genitoriali di riferimento ed allo scambio emotivo avuto con loro il risultato di quanto si è poi nell'età adulta. Ogni individuo nasce con una sua predisposizione interiore ad essere in una certa maniera, tanto che per l'Astrologia noi nasciamo con una carta astrale che non è un foglio bianco. Ognuno di noi ha una sua inclinazione naturale che si forgerà sicuramente sulle basi di quanto è stato sperimentato a livello emotivo nell'infanzia, ma sarà anche dettato dalla propria individualità, dal proprio sentire personale, dal bisogno di realizzare quel progetto superiore che da sempre l'anima porta con sé.

A questo proposito, in psicologia si parla di "natura contro cultura": chi sostiene la prima ritiene che ci sia predisposizione ad essere ciò che si diventa nell'età adulta fin dalla nascita; chi invece sostiene la seconda ritiene che sia da attribuire alle esperienze dell'infanzia e all'inquadramento familiare ciò che si diventa nell'età adulta. Per l'Astrologia Umanistica, che riconosce certamente anche la "cultura", è preminente l'importanza della "natura" perché nel periodo infantile le esperienze verranno percepite e tradotte attraverso gli occhi della propria natura e del sentire personale.

D'altra parte, il potere che la famiglia ha sul bambino fin dalla nascita è fortissimo, padre e madre sono i "Genitori del Mondo" proprio perché è attraverso i loro occhi che il bambino si apre al mondo. La risposta però

---

[11] L. Greene, Astrologia e Destino, Armenia, Milano 2004, pag. 132

non sarà completamente condizionata dall'influenza genitoriale o di quanti hanno potere sul bambino, ma anche dalla traduzione che ne farà la persona in base alla sua predisposizione e inclinazione naturale ad interpretare questi schemi ed imposizioni familiari in un certo modo.

Fatta questa precisazione, l'archetipo paterno saturnino è abbastanza complesso. Infatti, se con gli aspetti armonici, ci presenta un padre serio ed autorevole e comunque in grado di "lasciare un futuro al figlio" e cioè attento a mettere al servizio del figlio tutti gli "strumenti" di cui dispone per la sua realizzazione, con gli aspetti dinamici, c'è di solito una figura di padre autoritario più che autorevole, che impone ai figli la propria superiorità solo "in quanto padre", che detta regole e principi sul come condurre la vita, quando poi – paradossalmente – è spesso proprio lui il primo a non rispettarli.

C'è da dire che generalmente proviene lui stesso da un padre altrettanto dispotico, un padre che culla nei confronti del figlio tutto ciò che non è riuscito a realizzare nella sua vita, sabotando ciò che il figlio "sente come suo" e forzandolo a scegliere strade che lui predilige e che gli sono state precluse: nel lavoro, nella scelta del partner, nello sport e in tutto ciò che dovrebbe allinearsi ai desideri personali.

Scrive Aldo Carotenuto, psicoanalista junghiano, membro della American Psychological Association, nel suo "Integrazione della personalità": "L'esperienza insegna che non solo il figlio verso il genitore, ma a sua volta anche quest'ultimo dipende dal figlio, giacchè inconsciamente lo investe dello stesso compito di dare soddisfazione alle sue aspirazioni negate, ai suoi desideri di riscatto, condannandolo così a incarnare i suoi stessi fantasmi interiori". [12]

Ma secondo la regola della "natura", c'è anche da dire che padre e figlio condividono spesso lo stesso destino: infatti, se c'è un figlio che percepisce il padre freddo e distante, severo e giudicante, nello stesso tempo il padre, sentendo il rifiuto del figlio o la sua difficoltà ad interagire con lui, finisce inevitabilmente per chiudersi, comportandosi proprio così come il figlio lo percepisce e lo ha portato ad agire. In ogni caso, con Sole Saturno ed ancor più col Sole in Capricorno, c'è spesso un padre che stenta ad accettare il figlio nella sua essenza ed il figlio può passare una vita intera a cercare quest'accettazione che può arrivare ad un certo punto della sua vita, ma può

---

[12] A. Carotenuto, Integrazione della personalità, Bompiani, Milano 2007, pag. 45

anche non arrivare mai.

Fondamentale per scrollarsi di una mitologia del genere è sicuramente l'età dei trent'anni, quando, col ritorno di Saturno sui gradi del Saturno di nascita, ci sarà la più grande opportunità per ogni individuo e non solo per il Saturnino di porre le basi all'essenza personale; si attiveranno infatti delle vere e proprie "chiamate", situazioni particolari della vita in cui l'individuo avrà la possibilità di analizzare se stesso e la sua esistenza, fare un bilancio tra "il dentro", quello che sono i suoi sogni, le sue aspettative, i suoi desideri e "il fuori", ciò che ha realizzato, ciò che lo rappresenta, ciò che egli è; s'interrogherà sul come risponde ai dettami del collettivo, spesso rappresentati dalla famiglia e dall'ambiente più ristretto e se questi dettami siano l'unica autorità a cui ha allineato le sue scelte, o se diversamente la sua vita lo rispecchia nel profondo.

E' un bilancio spesso doloroso questo ma necessario: infatti, a quel punto, ognuno potrà finalmente scegliere cosa sia davvero importante per sé e la sua vita; potrà finalmente mettere a tacere la voce del sabotatore interno che, se un tempo aveva ragione di essere incarnata dalla figura paterna, con la nuova acquisita maturità non ha più ragione d'essere; potrà finalmente scegliere in prima persona cosa fare della sua esistenza senza più né delegare, né far scegliere a quanti, fino a quel momento, hanno avuto potere su di lui.

Solo così Saturno si compie.

E Saturno si compie quando il senso di responsabilità, dal latino "respondere", porta l'individuo a rispondere non più ai richiami esterni, al padre, alla madre o a chi abbia autorità su di lui, ma esclusivamente a se stesso e alla propensione spontanea della sua psiche verso la crescita e la maturità. Saturno si compie quando l'apprezzamento, il riconoscimento e gli elogi che si cercavano fuori, a cominciare dalla famiglia per poi arrivare all'intera società, si scoprono dentro, non giudicando e non sabotando più le proprie spinte interiori verso la Verità, verso la scala di valori che è stata scelta, al di là di qualsiasi morale precostituita e imposta dalla massa.

Scrive Aldo Carotenuto nel suo "Integrazione della personalità": "Crescere significa anche riappropriarsi di un destino negatoci, esprimendo le nostre voci più profonde". [13]

L'antica voce interna che guidava il Saturnino da bambino "le cose o si fanno per bene o non si fanno per niente" finalmente dirà il Vero, perché lui

---

[13] ibid., pag. 47

avrà trasformato tutti gli eccessi saturnini quali la rigidità, il controllo, l'ambizione sfrenata ed il bisogno di potere in autorevolezza e dignità, in costanza e determinazione. Nessuno come il Saturnino infatti, sa applicarsi a ciò che lo interessa con uguale disciplina, duro lavoro, pazienza ed attenzione.

Se diversamente le tappe saturnine non verranno rispettate, se di sette anni in sette anni non si farà uno sforzo di comprensione di come sta andando la propria vita, se le scelte fatte siano giuste o sbagliate; se non si cercherà l'autonomia e l'indipendenza ma si resterà ancorati a vecchi schemi solo perché rassicurano e fanno sentire protetti; se non si smetterà di attribuire sempre e solo agli altri gli errori e le colpe quando la scelta si rivela sbagliata, l'archetipo saturnino inevitabilmente peggiorerà: l'individuo si farà prendere dal bisogno di solitudine, rifiutando il confronto con gli altri; il giudizio e la critica si faranno sempre più aspri e la persona finirà con l'irrigidirsi ed estraniarsi dal resto del mondo.

La capacità propria di Saturno di meditare sui propri errori e su quanto viene riflesso dall'esterno si perderà, vanificando una delle migliori qualità del Saturno compiuto: la saggezza, l'autorità e la presa di realtà.

Se si rinuncia all'introspezione e ad un'analisi sincera sulla responsabilità dei propri sbagli, ci sarà spesso la tendenza a cercare all'esterno "capri espiatori" su cui scaricare la responsabilità dei propri fallimenti, in una condizione di vittimismo permanente, di amarezza e frustrazione.

E, accanto al vittimismo di un Saturno che non si compie, ci sarà anche un rifugiarsi nel "complesso di colpa", che sarà la scusa perfetta per perpetrare questo stadio d'immaturità, impedendosi di cambiare e crescere.

Fondamentale quindi, durante le crisi saturnine, aprirsi all'introspezione, all'analisi sincera della propria realtà interiore.

Non a caso i transiti del pianeta sono anche messi in analogia col deserto: nel deserto non c'è nulla, ma è proprio in quell'esperienza fatta in solitudine che si può cominciare a rafforzarsi davvero, passando dalla falsa resistenza alla vera forza, dall'illusione di sicurezza della vecchia struttura al riconoscimento del valore di quella latente, una nuova identità che vuole nascere perché intimamente sa d'essere superiore alla precedente.

Infatti e per fortuna, nella psiche profonda, nella parte più sapiente di noi, che non è collegata soltanto alla conoscenza delle cose o all'intelligenza della mente, non è collegata alle speculazioni dell'intelletto ma alle ragioni dell'anima, resta quel contatto con le nostre radici esistenziali a cui poter far riferimento se si sente che è smarrita la via; è come se Saturno ci dicesse: "ricomincia da qui, da quello che sei e non da quello che pensi di essere, ricomincia da quello che sei e non da quello che sai, o mostri, o dici, o fai, ricomincia dalle tue fondamenta e poi valuta ciò che ti serve per rimanere fedele a te stesso, alla tua specificità, all'unicità del progetto della tua anima e ciò che non ti serve, ciò che è diventato zavorra, ciò che non è in linea con quello che tu stesso vuoi diventare, lascialo andare".

Se ci interroga, con onestà e coraggio, Saturno – la nostra sapienza profonda – risponde.

E' anche per questo che ho sempre messo in relazione i trasiti saturnini con l'immagine dell'Eremita degli Arcani Maggiori dei Tarocchi.

Sono periodi in cui, proprio per far fronte alle sfide che l'individuo lancia a se stesso per aumentare in consapevolezza e dignità, si cerca inconsciamente la solitudine, l'isolamento da tutto, forse per aprirsi alla luce della coscienza, così come l'eremita, nel suo incedere lento, severo e silenzioso, tiene in alto la lanterna per illuminare la via.

Il binomio Saturno Urano in astrologia.

Secondo l'Astrologia Umanistica junghiana, alla base dell'equilibrio personale c'è uno scambio alternato tra le energie dei due archetipi Saturno e Urano, significatore il primo del passato e di quanto è stato ceduto dalla tradizione, non solo familiare ma sociale in genere e il secondo collegato al progresso e al futuro, alla stessa individuazione.

Più semplicemente, Urano è da sempre stato definito "il pianeta del cambiamento" e questo in Astrologia Umanistica significa anche che non ci può essere individuazione senza sottoporre la propria vita a periodici e sistemici cambiamenti che rendano fluida la personalità, come fosse una cittadella che si difende dagli attacchi esterni senza però opporsi al nuovo, alla linfa vitale che può essere ravvivata solo attraverso le novità.

L'archetipo del cambiamento è quindi un bisogno specifico della psiche che si attiva in tutti quei momenti in cui l'individuo vuole aprirsi a nuove esperienze, che possano ampliare la conoscenza di sé. Se quindi da un lato l'archetipo saturnino spinge l'individuo a consolidare tutto ciò che fa parte della sua scala di valori, dall'altro quello uraniano lo spinge ad ampliare i propri orizzonti, per non rimanere ancorati ad un passato che può farsi sterile e senza frutti. Così, tanto è fondamentale fare tesoro degli insegnamenti del passato, dopo averli vagliati e non semplicemente ereditati per passaggio di testimone, altrettanto fondamentale è rifiutarsi di replicare pedissequamente schemi e modelli che appartengono ad un tempo ormai passato, ad un mondo che non c'è più.

Non a caso, se c'è un transito di Saturno al proprio cielo di nascita, parallelamente c'è anche un transito di Urano, proprio perché l'individuo possa mettere in equilibrio ciò che dei propri valori ritiene irrinunciabile e ciò che invece deve lasciar andare perché superato e non in linea con la propria individuazione.

Certamente, è questo un periodo di grande confusione: il cambiamento viene visto come minaccioso, un salto nel vuoto che si teme di fare, ma nello stesso tempo si sente un'inquietudine profonda, un disagio che non si sa spiegare. Ecco perché spesso, la manifestazione dell'archetipo è preceduta da un periodo di latenza, in cui la persona si sente minacciata nella sua libertà, o avverte sensazioni d'insoddisfazione e profonda inquietudine nel portare avanti le sue scelte, perchè timorosa di sbagliare.

Si avverte poi come se ci sia qualcosa all'esterno che impedisce questo ampliamento, nel campo del lavoro o degli affetti o in quello relazionale in genere; ci si sente ostacolati da qualcuno, un familiare, un partner, un superiore, sul quale si cerca di scaricare la responsabilità della propria insofferenza, quando l'insofferenza non è altro che lo specchio del proprio bisogno di cambiare e ricominciare a vivere su basi nuove.

Scrive Christopher Vogler nel citato "Il viaggio dell'eroe": "Le persone che vi circondano, persino coloro che vi amano, sono spesso poco propensi a vedervi cambiare: sono abituati alle vostre nevrosi, hanno trovato il modo di trarne beneficio ed è probabile che vivano come una minaccia l'idea del vostro cambiamento". [14]

Per questo timore di non essere accettato, l'individuo può sentirsi costretto ad amputare alcune parti di sé con il rischio di perdere pezzi fondamentali della propria essenza che sarà difficile recuperare.

Forse è per questo che i monaci Zen, quando prendono in considerazione nella filosofia dei loro giardini soltanto pietra, sabbia e piccole piante, parlano di "scorticare la natura", simboleggiando la necessità di ritrovare l'essenziale, di puntare al cuore delle cose, perché solo così l'individuo potrà essere certo di non tradire se stesso e quanto di valido e vero della propria natura è stato barattato per valori che non lo rispecchiano.

E' questo il motivo per cui il riappropriarsi di questa consapevolezza porta spesso una crisi, un momento di dubbio, di messa in discussione di ciò in cui l'individuo ha creduto e per cui si è battuto per molto tempo, i suoi valori, le sue certezze, le sue sicurezze e quanto ha rappresentato per molto tempo il fondamento delle scelte che hanno strutturato la sua vita.

Scrive Murray Stein, nel citato "Il principio d'individuazione": "Talvolta, la storia dell'individuazione inizia con un Big Bang, una perdita, un improvviso e drammatico ingresso in uno stato di disorientamento e di confusione. E' un momento che segna l'inizio del viaggio nella liminalità, ma anche verso la trasformazione".[15]

E' quindi proprio l'entrare in crisi che permette che si crei come uno squarcio nella coscienza, perché ci si addentri in un'analisi spassionata di ciò che non è stato mai vissuto perché mal giudicato, o non in linea con il pensiero collettivo, oppure di ciò che è stato giudicato importante senza

---

[14] C. Vogler, Il viaggio dell'eroe, Dino Audino Editore, Roma, 20171, pag. 54
[15] M. Stein, Il principio d'individuazione, Moretti & Vitali, Bergamo 2006, pag. 71

che lo fosse realmente, perché incapace di assicurare quella soddisfazione, quel significato e quel piacere che dovrebbero far seguito al raggiungimento di un obiettivo che si è tanto desiderato.

Se poi si va all'etimologia del termine "crisi", si ricava che è di origine greca, usato nella filosofia ippocratica per indicare il passaggio da una situazione di malattia ad uno stadio di cambiamento, dopo il quale cambia anche il decorso della malattia. Ciò significa che la crisi è il presupposto della liberazione, del riappropriarsi della propria vita, grazie ad una nuova e più matura autenticità. Se infatti da una parte la negazione del bisogno di cambiamento può rassicurare molto l'individuo, dandogli l'illusione di avere delle certezze che esorcizzano la precarietà della vita, nello stesso tempo taglia fuori tutte quelle opportunità legate all'esperienza e all'interpretazione individuale che può dare di volta in volta la coscienza e quindi chiude ad una miriade di inedite possibilità, che potrebbero invece rivelarsi innovative e risolutive per migliorare la propria esistenza.

E' per questo che per gli orientali il termine "crisi" significa non solo "cambiamento" ma soprattutto "opportunità", perché avvia una svolta, permettendo all'individuo di penetrare l'esperienza che sta vivendo e rinnovarsi, di esprimersi in pienezza e soprattutto in libertà e contemporaneamente aprirsi a lati creativi di sé, che non immaginava minimamente di avere.

Presupposto alla crescita è però la volontà personale ad accettare un processo continuo di autoanalisi e di messa in discussione delle proprie scelte, delle proprie azioni, secondo una tensione che non ha più nulla di materiale, ma è altamente spirituale e trascendentale.

La molla evolutiva per operare quel cambiamento che sia utile e necessario a rimpossessarsi della propria specificità, che sia in grado di far aprire l'individuo a nuove esperienze, senza per questo dover fare "terra bruciata" di tutto ciò che di valido ed importante ha costruito nella sua vita, potremmo trovarla ancora una volta nel mito della creazione, riportatoci da Esiodo, in cui – dopo la castrazione da parte di Kronos del padre Urano – dai genitali caduti in mare si sarebbe prodotta una schiuma, dalla quale sarebbe nata Afrodite, la dea dell'amore e della bellezza. La riconquista delle proprie parti negate ed abbandonate lungo la via potrebbe quindi essere facilitata da un moto d'amore, che deve iniziare innanzitutto da se stessi, accettando tutto di sé, comprese quelle parti negate che vanno accolte, curate e migliorate.

Scrive lo psicologo clinico Giampiero Ciappina nel suo "Manuale di Cinematerapia": "Per secoli una cultura miope e colpevolista l'ha identificato con l'egoismo, col risultato che molti non hanno neppure una vaga idea di cosa sia veramente l'Amore per se stessi. [...] Spesso si tratta di reimparare ad amarsi, cominciando dagli aspetti essenziali, dai più semplici. L'Amore per sè si esercita quando l'individuo comincia a riconoscere e rispettare i propri bisogni e i propri progetti, comincia a riconoscere e rispettare la propria identità autentica, cominciano a cadere tante maschere di falsa identità e tanti falsi comportamenti che hanno avuto solo funzioni difensive; s'innesca a questo punto un nuovo processo, una sorta di circolo virtuoso che lentamente, ma progressivamente, eleva l'energia complessiva della persona".[16]

[16] G. Ciappina, P. Caprini, Manuale di Cinematerapia, Utilizzare il cinema come strumento di sviluppo personale, Edizioni Istituto Solaris, Roma 2007, pag 151

HERMES, MERCURIO

Ascoltami Ermes, messaggero di Zeus,
figlio di Maia,
che hai il cuore che tutto domina, protettore dei giochi,
dai calzari alati, amico degli uomini, sciogli le preoccupazioni,
ascolta me che prego, concedendo un buon compimento di vita
nelle opere, nelle grazie della parola e nei ricordi.

(Dall'Inno orfico ad Hermes)

Evelyn de Morgan, Hermes, 1870

Il mito.

Figlio di Giove e della ninfa Maia, la più bella delle Pleiadi, Hermes era il Signore dei grandi confini e presiedeva ai viaggi in terra, proteggendo per questo gli scambi, la comunicazione e tutti gli spostamenti.

Tra gli dei dell'Olimpo era l'unico che poteva andare e venire a piacimento sui tre mondi dell'esperienza: scambiava così con il cielo, perché gli era consentito l'ingresso nell'Olimpo dove si adoperava per riconciliare gli dei quando litigavano tra loro; scambiava con la terra, dove portava agli uomini gli ordini che dovevano eseguire per non far adirare gli dei, oppure riportava agli dei i desideri degli uomini e scambiava con gli Inferi perché era l'unico tra tutti gli dei a cui era consentito di scendere all'Ade per accompagnare le anime dei morti nell'Oltretomba ed incontrarsi col giudizio divino.

È Hermes infatti che, in qualità di guida per le anime, scende agli Inferi per aiutare Persefone rapita da Ade e la riporta alla madre che non si dà pace per la sua perdita improvvisa ed è lui che conduce Ulisse attraverso gli Inferi in cerca dell'amico morto, per poi farlo tornare ai suoi compagni che lo attendono in superficie.

Come interprete degli ordini divini poi, Hermes era anche il dio della parola e dell'eloquenza, ma anche dei sogni con i quali faceva addormentare i mortali, quand'erano tormentati da affanni e preoccupazioni, toccandoli con il Caduceo, la sua verga divina.

Caduceo

E la leggenda del Caduceo riporta ancora una volta all'integrazione degli opposti junghiana, indispensabile per arrivare alla completezza che chiede la psiche. Se infatti Asclepio, il dio della medicina, aveva il Caduceo come suo attributo, ma con un solo serpente attorcigliato su di esso come simbolo di cura e guarigione, in quello di Hermes i serpenti erano due, perché soltanto grazie al duale si può giungere all'integrazione degli opposti e quindi alla vera guarigione.

Si narra che trovandosi Hermes sul monte Cicerone, avrebbe separato due serpenti che combattevano tra loro servendosi proprio del Caduceo che aveva posto al centro tra i due animali, come se fosse lì, al centro, il giusto mezzo da raggiungere, a tal punto che i due serpenti vi si sarebbero attorcigliati, rinunciando alla lite.

Giovane di bell'aspetto, veloce nel movimento e dalla bella parola, il dio compariva e scompariva a suo piacimento, servendosi del suo caduceo che, come una bacchetta magica, lo rendeva invisibile o, come narra il falso Apollodoro, della cappa di Ade, la *kunèe*, che aveva la proprietà di rendere invisibile chiunque la indossasse. Astuto, malizioso e bugiardo, era capace di trarsi d'impaccio da ogni difficoltà, anche spergiurando candidamente e mantenendo un contegno impassibile anche di fronte all'evidenza dei fatti.

A lui si affidavano i mercanti e quanti volevano protezione e buona sorte negli affari, perché li assistesse e li orientasse verso le buone occasioni.

Hermes è "il dio della fortuna e della magia".

La magia di Hermes è quella di far comparire e scomparire le cose, di apparire improvvisamente agli uomini che lui considerava degni del suo aiuto così come apparve dal nulla ad Ulisse, cui donò l'Erba Moly, per metterlo in guardia dagli inganni e tentazioni della maga Circe.

Se volessimo rintracciare l'archetipo Hermes in altre culture, certamente il dio Pushan degli Indiani Veda ha molte sue caratteristiche.

Scrive Hermann Oldenberg in "Die Religion des Veda: "Il tratto caratteristico che perennemente ricorre nel suo operare è ch'egli conosce le vie, mostra le vie, guida sulle vie, tiene lontano ogni smarrimento, sa ricondurre i fuorviati sulla retta via e ritrovare gli sperduti. [...] Guida sicura la sposa dalla casa paterna alla casa dello sposo, guida anche i morti nel mondo di là [...] Chi si accinge in un affare sacrifica a Pushan [...] Quando, mattino e sera, s'offre a tutti gli dei e gli esseri, Pushan, il pioniere, riceve le offerte sulla soglia di casa. Sui mari e nell'aria naviga sulla sua nave d'oro, messaggero del sole. Da buon conoscitore delle strade, egli, che salva dagli smarrimenti, trova pure ciò che è perduto e nascosto e fa che gli uomini lo scoprano". [17]

L'archetipo psicologico.

A livello simbolico la sua figura è bellissima perché se da una parte è in analogia con l'emisfero sinistro del cervello che presiede alla capacità razionale, lucida e valutativa della mente che sa rimanere salda e fredda anche nei momenti di estrema agitazione emotiva perché resta centrata e sempre presente a se stessa, ma anche perché sa attingere a quella leggerezza e capacità di sdrammatizzare nelle situazioni più pesanti della vita, dall'altra parte esprime la capacità della mente di entrare in contatto con altre dimensioni più profonde che non dipendono dalla funzione razionale, ma sono strettamente collegate all'emisfero destro, quello analogico e simbolico: la funzione immaginativa, quella intuitiva, quella percettiva, ma anche quella più misconosciuta e sottovalutata e cioè l'introspettiva che permette all'individuo di scendere dentro di sé ed analizzarsi; di accettare l'incontro con se stesso, con la sua Verità e solo a quel punto risolvere le molte tensioni interiori che derivano proprio dalla negazione all'apertura di questa parte del Sé.

E' per questo che Hermes, simbolicamente messo in relazione con la mente conscia, con il principio di realtà, diventa il "ponte" necessario perché le varie dimensioni della psiche possano armonizzarsi con le funzioni della mente.

Non a caso Jung parla del dio come *Hermes Kyllenios* "il causatore delle anime", il mediatore che apre spazi liminali dove i vari processi psichici possono essere elaborati.

E' interessante anche notare come il nome greco del dio derivi da *herma*, "mucchio di pietre", perché proprio i tumuli di pietre ammassate lungo le vie in posti strategici diventavano punti di riferimento ai viandanti per non smarrire la strada, per orientarsi anche nei luoghi più desertici e desolati, coltivando la certezza che fosse proprio quella la giusta direzione.

Lo "spazio ermetico" diventa così un luogo psichico in cui è possibile dare confini e delimitare gli spazi della ricerca introspettiva; un luogo mobile e mai fisso in cui ci si può aprire di volta in volta a percezioni e sensazioni

---

[17] H Oldenberg, Die Religion des Veda, Berlino 1894, pag. 230 e seguenti

nuove, a nuove interpretazioni; la mobilità e la volatilità dell'archetipo permettono questo scambio perché i confini, se pur delimitati nel "qui ed ora" dell'esperienza, non diventino mai rigidi o predefiniti, ma flessibili ed aperti a nuove intuizioni. Questa caratteristica dell'archetipo fa sì che si crei una corrente energetica continua in cui, se da un lato esistono dei punti fermi di riferimento a cui tornare nei momenti di difficoltà, dall'altro lato tutto diventa mobile e quindi possibile e raggiungibile.

Non è Hermes il "guardiano della soglia" tra conscio e inconscio, a lui spetta invece aprire sempre "nuove soglie" per permettere di visualizzare ciò che è di vitale importanza nel processo di trasformazione. D'altra parte lo spazio dell'individuazione è in perenne movimento e cambia continuamente, così come il vento.

Ecco perché W.H. Roscher, mitografo tedesco del diciannovesimo secolo, identifica Hermes proprio con il vento, per questa qualità di scambio che, a livello energetico, diventa possibilità di aprire a dimensioni più allargate, a volte "spalancare" perché non ci si aspetta la forza di certe intuizioni. In greco "vento" e "spirito" hanno lo stesso nome: *pneuma* e in astrologia Mercurio è pianeta d'Aria.

Mercurio, Codice De Sphaera, 1470 ca.

Hermes, briccone e mago.

Il dio è anche ricordato nel mito come principe dei ladri.

Stupisce trovare questa caratteristica in un dio, ma nel mondo antico non si dava particolare risalto alle doti morali a tal punto che Hermes era protettore dei banditi e dei furfanti, dei ladri e dei bricconi.

La sua capacità di rubare si rivela fin dalla nascita, quando rubò i buoi al fratello Apollo e gli impedì di riprenderli perché ne cancellò le tracce e Omero ci ricorda come gli dei lo incaricarono di far sparire il cadavere di Ettore per interrompere lo scempio che ne stava facendo Achille, sul campo di battaglia.

> *Così pure egli, il velocissimo*
> *Ai ladri e birbanti*
> *E a tutti quelli che cercano fortuna,*
> *Sia demone eternamente benevolo!*
> *Subito si dimostra*
> *Con tiri di grande abilità.*
>
> *(Goethe, Faust. II, 9662-67)*

Ma proprio quest'ambiguità, questi significati così contraddittori permettono all'individuo di poter evolvere l'archetipo, rielaborarlo e quindi integrarne le polarità.

Scrive Jung ne "La simbolica dello spirito": "Mercurio consta di tutti i contrasti immaginabili. Esso è il processo di trasformazione dell'inferiore, del fisico nel superiore, nello spirituale e viceversa. Esso è il diavolo, è un redentore che indica la via; è un imbroglione evasivo, è la divinità". [18]

E' per questo che il dio era venerato come dispensatore di fortuna, quella fortuna che si avvicina al concetto di *kairòs* greco: cogliere il momento propizio, il momento opportuno che permette al pensiero di concretizzarsi trasformando la buona occasione in risultato tangibile e soprattutto positivo.

Forse è per questo che ad Hermes mago si accosta la prima carta degli Arcani Maggiori dei Tarocchi, il Bagatto, carta dinamica che evoca il movimento continuo dell'energia.

---

[18] C. G. Jung, La simbolica dello spirito, Einaudi, Torino 1975, pag. 91

Il Bagatto è l'espressione dell'occasione che si presenta proprio quando meno te l'aspetti, quando è ora d'introdurre delle novità per dare il via a qualcosa di creativo.

La sua figura, di giovane uomo abile e pieno d'iniziativa, così come simboleggiano gli oggetti sparpagliati sul tavolo di lavoro, è molto vicina ad Hermes e la sua qualità di mago; è così che il caduceo del dio diventa la bacchetta azzurra nella mano sinistra del Bagatto, simbolo della capacità di catturare l'energia celeste e dirigerla su un obiettivo ben preciso, così come la moneta nella destra simboleggia la capacità di mettere in equilibrio materia e Spirito, per dar vita a qualcosa di reale, vitale e soprattutto concreto.

Il Bagatto, I Carta Arcani Maggiori

Scrive Mariangela Ceri nel suo "Storia di un Matto che diventò Mondo": "E se l'Universo parla attraverso i numeri, allora, nel Bagatto si colgono segni e messaggi di come poter fare, indicazioni pratiche che l'uomo intelligente apprende e applica nel plasmare la materia e la sostanza cosmica si trasforma in azione, in atto creativo, in realizzazione". [19]

---

[19] M. Ceri, Storia di un Matto che diventò Mondo, Alter Ego s.n.c, Viterbo 2017, pag. 26

L'archetipo del Puer e del Senex.

"Il Puer Aeternus rappresenta contemporaneamente
la luminosa innocenza degli inizi e la gelata
che improvvisamente distrugge i germogli,
un essere dell'inizio, ma anche un essere della fine".
C. G. Jung

Se torniamo indietro alle caratteristiche proprie dell'archetipo Kronos, nonché alla sua familiarità con le specificità dell'archetipo del *Senex* possiamo facilmente rintracciare il suo opposto nell'archetipo del *Puer*, collegato alla parte mobile e curiosa di Hermes, quella possibilistica perché sempre in ricerca e fiduciosa nel valore dell'esperienza.

Il *Puer* è l'archetipo di ogni aspirazione a cui l'individuo tende; un'aspirazione che è solo pensata ed ideata e quindi porta in sé la ghianda della perfezione, dell'eternità. Di questa aspirazione si fa esperienza prima ancora che prenda forma, ci si fa avvolgere dall'entusiasmo e dalla frenesia della sua perfezione, perché è tutto racchiuso nella mente e nella sua possibilità immaginativa.

Il *Puer* indica quindi le infinite potenzialità della mente umana prima ancora della loro attuazione. La visione anticipa la realizzazione ma nello stesso tempo ne può decretare la fine per quell'impressione di superiorità e specialità che contraddistingue l'archetipo: il risultato infatti, spesso non è all'altezza di quella visione, bisogna cercare ancora, cercare altrove, non ci si può fermare. La delusione si sostituisce quindi all'eccitazione iniziale, perché la realizzazione risulta sempre imperfetta e lontana da ciò che si era cullato nella mente come ideale.

Se il *Puer* domina la psiche dell'uomo (ma è un archetipo ugualmente presente nella psiche femminile, la *puella*), l'individuo è sempre in una sorta di sovreccitazione che lo spinge avanti fin quando non si delinea l'idea di attuare quanto è stato immaginato; è a quel punto che può immediatamente passare ad un'idea tutta nuova, da cui subitamente si allontanerà non appena si delineerà l'ipotesi della sua realizzazione.

Se non interverranno altri archetipi più realistici a mitigare questo schema, l'individuo nutrirà sempre grandi aspirazioni che non riusciranno ad essere concretizzate, oppure a durare nel tempo, perché inconsciamente si è spinti verso nuove mete che, proprio perchè nuove, appaiono migliori.

Lo stesso iter si può avere nei confronti della conquista amorosa: se il *Puer* domina la psiche dell'uomo, è probabile che, dopo l'iniziale eccitazione per il corteggiamento e le idealizzazioni dell'oggetto d'amore, l'uomo sia portato a defilarsi proprio nel momento in cui la relazione sta per prendere forma, così come potrebbe restare profondamente deluso una volta che il partner sia stato sedotto.

E' in questa fase che spesso il *Puer* tradisce o viene tradito, ma il tradimento non è altro che una modalità inconscia della mente di uscire da uno stato infantile ed entrare nel mondo reale, un mondo dove bisogna prendersi la responsabilità delle scelte fatte, il mondo dell' "adesso" e non più solo "del futuro".

E invece i verbi del *Puer* che non si è ancora compiuto sono tutti "al futuro", l' "adesso" lo invita a concludere, ad essere vero, ma soprattutto distrugge le sue visioni e il potenziale creativo che è nascosto dietro ad esse.

Queste idealizzazioni, queste visioni sono spesso state alimentate fin dall'infanzia da una madre certamente creativa ma troppo presente, spesso ingombrante, una classica "Madre Terra".

Ci sono donne che considerano i figli un'estensione di se stesse e cercano di legarli a sé, ne fanno una loro proprietà. Di solito la figura paterna è assente, mancante in molte responsabilità e mal giudicata dalla madre, che spesso cede questo malanimo e risentimento al figlio.

E' per questo che la madre del *Puer* rispecchia l'aspetto più negativo dall'archetipo della Grande Madre, tanto protettiva e consolatrice quanto possessiva e manipolatrice; sotterraneamente e senza che gli altri se ne accorgano, la madre si appropria del figlio e lo fa suo e lui diventa, in quest'abbraccio soffocante, il mitico figlio-amante della Grande Madre.

Ricordiamo come nel mito Hermes fosse figlio illegittimo di Zeus, in un certo modo legando all'assenza paterna e al suo non riconoscimento l'archetipo a lui collegato.

Eppure, al *Puer*, tanto quanto è fondamentale la figura materna nell'età infantile, dall'adolescenza in poi è indispensabile lo scambio con quella paterna, in cui – come maschio – potersi identificare.

La madre che non comprende questo e divide il padre dal figlio, per ritorsione o per vendetta, fa di lui quello che in psicologia si chiama "il figlio divorzato", incapace di riconoscere la sua identità maschile, la sua virilità e la sua forza, che restano mutilate.

Nell'adolescenza è invece indispensabile per il giovane entrare in contatto con la propria virilità che, sotto il dominio della madre, non può esprimersi come dovrebbe. Impedendo al figlio di scambiare col padre, la madre inconsapevole lavora perché il figlio rimanga "l'eterno fanciullo", vago, inconcludente, perennemente insoddisfatto e profondamente immaturo. Infatti, sbarrando la strada al padre, la madre sbarra anche la strada al *Senex*, l'archetipo che deve farsi largo soprattutto nell'adolescenza, per permettere al giovane di poter maturare e uscire dall'infanzia, staccarsi dalla matrice originaria e crescere.

E' questo il messaggio che troviamo espresso nella fiaba di James Matthew Barrie "Peter Pan", in cui il protagonista rimane intrappolato in un mondo artefatto, sperduto tra "bambini sperduti", incapace di ritrovare la strada verso la maturità.

L'eterno "bambino della mamma" può sanare tutti questi aspetti di elusività, di tendenza alla fuga e alla non concretizzazione delle sue aspirazioni proprio integrando le qualità positive dell'archetipo del *Senex*, il senso del dovere e del rispetto verso gli altri, il realismo, la disciplina, il senso di responsabilità.

I due archetipi sono quindi speculari e l'integrazione tra loro è di fondamentale importanza per far sì che le rispettive parti Ombra non abbiano la meglio su quelle Luce. Infatti, tanto quanto le parti Luce dell'archetipo *Puer* sono la freschezza, la curiosità e l'amore per la vita, tanto quanto le parti Ombra parlano d'irresponsabilità, d'inconcludenza e mancanza d'impegno; né le conseguenze appaiono migliori per l'archetipo del *Senex* che non sia stato integrato da quello del *Puer*: l'autorevolezza e la dignità, la saggezza e l'equilibrio che sono dell'archetipo le più belle qualità scivolano verso forme di chiusura e ristrettezza mentale, di ostinazione razionale e bieco cinismo.

E più l'uomo si troverà ad esprimere solo la parte Luce dei due archetipi, più l'Ombra non riconosciuta all'interno si materializzerà all'esterno attraverso gli uomini della sua vita.

Infatti, se vivrà il lato *Puer* e proietterà all'esterno il *Senex*, mentre non abbandonerà mai il suo atteggiamento da "eterno ragazzo", all'esterno dovrà trattare con uomini severi che gli imporranno certe scelte, con uomini che lo sfrutteranno e ostacoleranno ogni suo sforzo creativo.

Spesso si rintracciano queste dinamiche non solo all'interno della famiglia, tra padre e figlio, ma ancor più nel mondo del lavoro, dove "padri/capi-ufficio" rigidi ed intolleranti sfiniranno il giovane *Puer* per fargli integrare quanto lui ha negato della sua natura, quanto non vuole integrare, spesso per comodo o per pigrizia.

Diversamente, se l'uomo vivrà il lato *Senex* cristallizzandosi in forme di autoritarismo ed intolleranza, guardando solo al passato e ai "bei tempi andati", all'esterno sarà circondato da personaggi lavativi ed inconcludenti, che saboteranno tutte le sue manie di eccellenza e che dovranno essere sempre spronati per raggiungere risultati comunque imperfetti.

Integrare il *Senex* significa quindi guardare al passato e ai suoi insegnamenti per trarne il meglio e vivere con impegno e responsabilità secondo quanto di meglio è stato lasciato dai "Padri", integrare il *Puer* significa aprirsi al mondo possibilistico del domani, al cambiamento e alla trasformazione.

L'archetipo astrologico. Il binomio Mercurio/Saturno.

Dal punto di vista astrologico, l'archetipo mercuriale si rintraccia in chi abbia il Sole congiunto a Mercurio, non essendoci altri aspetti tra i due pianeti, o il Sole in Gemelli o in Vergine.

Il Sole Mercurio identifica spesso un archetipo paterno agile e curioso, tutto concentrato sul movimento, il più delle volte molto attento ad ideare più che a concretizzare, a teorizzare più che fare i fatti.

Di solito si tratta di un uomo giocoso, che si esprime moltissimo quando i figli sono in tenera età. Infatti, ama giocare con loro ed ideare per loro sempre nuove avventure, per quella vena scherzosa ed allegra che caratterizza la sua natura.. Più complicato si fa il rapporto quando i figli si fanno grandi, per quella immaturità di fondo che l'archetipo mercuriale porta con sè e che si conserva fino a tarda età. L'"eterno ragazzo" che vive nel Sole Mercurio può essere mal giudicato dai figli adolescenti, proprio per quella volubilità ed incostanza di fondo che caratterizza l'archetipo nelle sue parti Ombra. Questo può accadere soprattutto se il binomio è leso, in particolar modo da Giove; diversamente, nel caso il binomio non formi alcun aspetto conflittuale con altri pianeti, il Sole Mercurio donerà sempre all'individuo uno spirito positivo e ottimista, che diventa un punto di forza per la persona nel momento in cui la vita ne testa la capacità di ripresa.

Nel caso di binomio leso comunque, tutto si può stemperare e migliorare se alla congiunzione di Sole Mercurio si accosta un aspetto con Saturno, il *Senex* della psicologia, in grado di assicurare al *Puer* una maggiore stabilità, attraverso l'integrazione delle istanze opposte che caratterizzano i due pianeti.

Infatti, se da una parte ci sarà la capacità di esprimere il *Puer,* restando in contatto con le forze vitali ed istintive della vita; se si saprà godere con disponibilità d'animo delle bellezze e delle gioie esistenziali, con quella leggerezza e slancio verso il nuovo che caratterizza le più belle qualità dell'archetipo, dall'altro lato Saturno spingerà sempre l'individuo a "farsi roccia" e cioè ad andare verso la stabilità della propria personalità nelle sue parti più alte: saggezza, autorevolezza e forza interiore.

E' la "quercia" di cui parlava Jung nel suo "La simbolica dello Spirito", quando paragonava la personalità compiuta ed integrata all'albero della quercia: "La vecchia grande quercia è in un certo modo il re della foresta. Tra i contenuti dell'inconscio, essa rappresenta un "tipo" centrale, contraddistinto da una fortissima personalità". [20]

Non a caso in alchimia la possibilità di scambio proprio tra questi due pianeti ed il risultato positivo che può derivare dalla loro integrazione è rintracciabile nel fatto che Saturno era anche definito *Mercurius senex*, quasi a simboleggiare la necessità di mantenere "elastico" e mobile l'archetipo saturnino per evitare una struttura mentale rigida e cristallizzata e quegli integralismi e rifiuto del nuovo che sono il rischio più grande dell'archetipo.

Infatti, soprattutto quando i due pianeti si pongono in aspetto dinamico e conflittuale (congiunzione, opposizione o quadrato), se non si riuscirà a trovare una via di mezzo tra la giocosità mercuriale e la saggezza saturnina ci sarà il tentativo di un archetipo di prevalere sull'altro con conseguenze spesso negative, perché la freschezza mercuriale diventerà inconsistenza e difficoltà a crescere, così come la saggezza saturnina diventerà cinismo, misoginia e inclinazione a covare rancori.

Per concludere quest'argomento sull'integrazione tra Mercurio e Saturno, tra *Puer* e *Senex,* diciamo che una delle difficoltà più frequenti d'integrare il lato *Senex* nella personalità è collegata alla scarsità di pianeti nell'elemento Terra nel tema natale. Anche se Mercurio e Saturno non si

---

[20] C. G. Jung, La simbolica dello spirito, Einaudi, Torino 1975, pag. 62

toccano tra loro, è chiaro che in un tema con molto Fuoco (ispirazione) o Aria (progettazione) sarà difficile dare confini al bisogno di avere alte aspirazioni, spesso scollegate completamente dalla realtà e dalla capacità di realizzazione.

Anche la mancanza d'Acqua può far scegliere all'individuo di identificarsi nell'archetipo del *Puer* : di solito si ha il terrore delle emozioni, non si riesce a gestirle e si preferisce rifugiarsi in un mondo asettico, dove però mancano completamente la capacità di provare compassione, empatia e partecipazione agli altri.

I Segni più sfidati all'integrazione dei due archetipi sono certamente tutti i Segni di Fuoco, in particolare il Leone, ed i Gemelli, bisognosi di coltivare i primi grandi passioni e i secondi di perdersi dietro ad ogni novità.

Solo dalla mediazione tra questi due archetipi si può conciliare il Giovane col Vecchio, il futuro col passato, lo Spirito con la materia, il bisogno di consolidare senza abbandonare il desiderio di crescere; solo dalla mediazione di questi due archetipi si può giungere alla liberazione del "Bambino Divino" che è racchiuso in ognuno di noi, un archetipo in cui gli opposti si sono miscelati tra loro ed hanno dato vita ad una cosa sola, integrata e completa.

L'archetipo del "Bambino divino".

> *"In verità vi dico: chi non accoglie il Regno di Dio*
> *come lo accoglie un bambino, non entrerà in esso".*
> *Marco 10, 13-16*

L'archetipo del "Bambino Divino" è proprio dell'Hermes che si compie, quando permette all'individuo di ricontattare la sua radice più vitale, quella più impulsiva che apre all'istinto, in quella maniera spontanea ed autentica che è propria dell'età infantile.

Scrive Jung: "*Il motivo del bambino* anticipa il processo d'individuazione, è un simbolo unificatore degli opposti, un mediatore, un "salvatore", artefice della totalità. [...] Rappresenta l'impulso più forte e più irresistibile di ogni essere umano: l'impulso all'autorealizzazione, armato di tutte le forze istintive naturali. L'impulso e la coazione all'autorealizzazione è una "legge di natura" ed ha quindi una forza invincibile".[21]

Così, più che il "Puer Aeternus", archetipo collegato nella sua parte ombra alla fiaba di Peter Pan, che esprime un individuo perennemente in fuga perché ancora incapace di assumersi la responsabilità delle sue scelte e crescere, quando l'archetipo è stato interiorizzato ed illuminato può trasformarsi nel "Puer Internus" o "Bambino divino" e cioè un individuo che, dopo essere passato attraverso asprezze e sofferenze, non si è scollegato o comunque ha recuperato la scintilla divina d'entusiasmo, fiducia e pensiero positivo che è propria dell'età infantile. E' il contatto col "Bambino divino" che permette all'individuo di esprimersi in libertà, perché non rinuncia a ridere o a piangere se ne abbia voglia per timore del giudizio degli altri e soprattutto perchè ha imparato a non giudicare se stesso e le proprie reazioni quando prova certe emozioni, soprattutto spiacevoli e negative.

In fondo, il *Puer* che non abbia integrato il lato umano del *Senex* non conosce le emozioni; vive in un mondo estatico di bellezza e desiderio senza aver mai sperimentato il dolore e la sofferenza, ma neanche la gioia pura e la felicità, proprio perché nessuno gli ha insegnato ad accogliere qualsiasi emozione, a riconoscerla come propria, ad onorarla e a quel punto farla sua.

Il *Puer* che invece ha fatto esperienza del limite, che ha accettato le sue emozioni, anche le più negative, perché non è stato giudicato e non gli è stato insegnato a fuggire davanti ad esse; che ha imparato l' "arte dell'attesa" che è distintiva dell'età matura e consapevole; che ha smesso di "andare sempre di corsa" ma si è soffermato a riflettere su di sé e sulla vita, diventa il "Bambino Divino" nascosto in ognuno di noi, capace di ricrearsi e ricreare la vita.

Scrive C. Pinkola Estés nel suo "Donne che corrono con i lupi": "Questo spirito bambino è la niña milagrosa, la bambina del miracolo, capace di udire il richiamo, la voce lontana che dice: è tempo di tornare, tornare a sé. E' una parte della psiche mediale che ci forza perché può udirne il richiamo quando viene. E' il bambino che, sorgendo dal sonno, dal letto, dalla casa e lanciandosi nella notte ventosa e nel mare selvaggio ci fa affermare "Dio mi è testimone che io procederò su questa strada", oppure "Resisterò" oppure "Troverò il modo per continuare".[22]

---

[21] C. G. Jung, Psicologia dell'archetipo del fanciullo, in Opere, pagg. 157,158.
[22] C. P. Estés, Donne che corrono con i lupi, Edizioni Frassinelli, Padova 2009, pag. 288

La tematica potrebbe richiamare il romanzo di Antoine de Saint-Exupéry (1900-1944) "Il Piccolo Principe" (1943), in cui l'Autore ha voluto insistere sulla necessità di riscoprire i veri valori della vita, i sentimenti superiori quali l'amore, l'amicizia, la solidarietà e la fratellanza come beni indispensabili per il cammino dell'uomo sulla terra.

Nel libro di de Saint-Exupéry, il Piccolo Principe è un bimbo proveniente da "B612", un asteroide sconosciuto e "lontanissimo dai 43 tramonti", che lui ha lasciato per sfuggire ad una rosa di cui si era innamorato. Il suo apparecchio però, per un guasto al motore, precipiterà nel Sahara e lo costringerà ad altre esperienze.

Durante il suo viaggio, il Piccolo Principe incontrerà una volpe saggia che gli insegnerà quali sono i veri valori della vita, l'essenza delle cose, fino al punto in cui acquisterà una nuova consapevolezza, anche se il prezzo che dovrà pagare sarà la perdita della sua amata rosa.

Molto bella l'eredità che gli lascerà la volpe, che lo saluterà così: "Ecco il mio segreto. E' molto semplice: non si vede bene che con il cuore: l'essenziale è invisibile agli occhi".[23]

Il Piccolo Principe è quindi il simbolo della ricerca di ciò che è basilare per la propria felicità, è la riscoperta dell'autenticità e della spontaneità innate, che le asprezze della vita possono far perdere lungo la via.

L'uomo che tenga alla sua evoluzione può scoprire il "bambino trascurato" dentro di sé; dovrà però rinunciare a modellare il suo Io sull'inganno dell'auto-immagine, che lo vuole sempre vincente e conforme alle richieste del collettivo, solo così potrà vivere un'esistenza gratificante e ricca di significato.

---

[23] A. de Saint-Exupéry, Il Piccolo Principe, Bompiani, Milano 2000, pag. 100

ZEUS, GIOVE

O tu che hai l'eccelsa forza per sempre indistruttibile,
Zeus molto onorato, grande Zeus, a te noi offriamo
questa testimonianza liberatrice e questa preghiera.
O re, attraverso il tuo capo apparvero queste cose divine,
la dea madre terra e le erte cime dei monti
e il mare e tutto quanto il cielo dentro racchiude.
Zeus Cronio, con lo scettro, che scuoti la terra, che accresci,
Lampeggiante, Tonante, Folgoratore, Zeus concedi salute
perfetta e la dea Pace e fama irreprensibile di ricchezza.
(Dall'Inno orfico a Zeus)

Giove di Smirne, 250 d.C.

Il mito.

Anche Zeus fa parte assieme a Kronos, Ade e Poseidone del grande
mito della Creazione, illustrato a proposito di Kronos. Sappiamo così che

Zeus, nato sull'isola di Creta, dopo aver condotto la sua infanzia sul monte Ida, nutrito dalla capra Amalthea ed allevato dalla ninfa Adamantea, ormai adulto tornò per liberare i fratelli ingoiati dal padre: squarciò infatti la pancia di Kronos e tirò fuori uno ad uno gli altri dei, da cui fu proclamato "Padre degli uomini e degli dei", unico Signore e massima divinità dell'Olimpo tutto.

I suoi appellativi erano tutti collegati al cielo, egli era il dio del cielo: "Colui che addensa le nuvole", "Colui che manda venti propizi"; la sua maestà era riconosciuta come indiscussa, anche perché nella lotta per spodestare il padre, era risultato il grande vincitore. Gli venivano quindi riconosciute doti di stratega e di fine guerriero.

Secondo Esiodo, fu un grande seduttore: ricorda infatti i sette matrimoni e le molte relazioni con divinità femminili. Sue consorti furono Meti, Temi, Eurinome, Demetra, Mnemosine, Leto ed infine Hera, con la quale ebbe una luna di miele lunga trecento anni.

Sono note le sue trasformazioni per sedurre le donne mortali: si trasformò in un cigno per possedere Leda, in toro per rapire Europa, in nuvola per amare Io e infine in pioggia per fecondare Danae.

Popolò quindi quasi tutto l'Olimpo della seconda generazione.

L'archetipo psicologico.

L'archetipo Zeus è sicuramente uno degli archetipi più ricchi di significati. Di solito si rintraccia in uomini che fanno del potere la loro meta più ambita e che per ottenerla tendono a puntare sulla costruzione di un territorio su cui dominare. Sono uomini che fanno di tutto per creare una famiglia numerosa, in cui viva una Hera degna del loro amore; uomini che per ottenere il potere sono in grado di stringere molte ed utili alleanze.

L'uomo Zeus è quindi un capo nato, abile nel portare avanti la sua supremazia con capacità e tatto.

E' per questo che l'archetipo dona ambizione, lungimiranza ed anche diplomazia. Ma il punto di forza più caratteristico è il senso positivo della vita e la capacità di non farsi fermare da ostacoli o impedimenti, proprio per quell'ottimismo innato che caratterizza l'archetipo, che spesso si tinge anche di bonomia e cordialità.

Ricordiamo infatti come nel mito Zeus non castrò il padre così come aveva fatto Kronos nei confronti di Urano ma, dopo averlo neutralizzato e reso inoffensivo, lo esiliò nel Tartaro. Fu quindi proprio l'alta visione del re degli dei che interruppe la catena generazionale che si ripeteva automaticamente e negativamente, fu la sapienza del figlio a perdonare il padre, risolvendo così l'intera tematica archetipica.

L'archetipo è quindi anche messo in analogia non solo alla capacità di andare oltre le restrizioni della condizione umana che la vita impone e che possono inibire l'espressione del Sè, ma soprattutto alla liberazione di cui l'uomo può fare esperienza proprio nel momento in cui individua il suo ideale, ciò in cui credere e per cui lottare, al di là di quelle che sono le inclinazioni e i valori del collettivo.

Jacopo Zucchi, Giove, 1589-1592

E' quindi caratteristica dell'archetipo anche la capacità di distanziarsi da situazioni che appaiono complicate, di volare "alto" e restare centrato soprattutto nei momenti di crisi. E questa visione alta viene sottolineata anche dal mito che ci ricorda come, nella guerra contro i Titani e il padre Kronos, Zeus fu aiutato da un'aquila, simbolo indiscusso di libertà, di volo tra gli spazi aperti, nonchè ponte tra il mondo materiale e quello spirituale, tra la terra e il cielo, così come l'archetipo Zeus simboleggia.

L'aquila che è spesso rappresentata a fianco del dio, è l'unico animale che può fissare senza timore il sole; con la sua vista lunga ed acuta, guarda dall'alto e punta la preda, come a significare che è la visione dall'alto che l'archetipo contiene a poter dare senso e significato alla propria esistenza.

L'archetipo astrologico.

Giove in astrologia è da sempre il simbolo dell'ottimismo e del bisogno innato che c'è nell'uomo di migliorare se stesso, di non accontentarsi, di crescere. Il suo nome deriva da *"dyu"*, collegato al verbo "brillare" nella cultura indoeuropea e ben si addice al Signore del Sagittario, pianeta di Fuoco, messo in analogia con i viaggi ed il lontano, col cibo e la vista, nonché spartiacque tra i pianeti personali e quelli interpersonali.

Giove è l'archetipo della fiducia, della certezza interna che c'è nell'uomo di poter trovare le ragioni superiori della sua esistenza sulla terra, l'importanza del suo progetto individuale, nonché la speranza di poterlo realizzare, al di là di ogni ostacolo e difficoltà.

Per questo è anche il simbolo della capacità di affidarsi a qualcosa di superiore che possa ampliare i confini del proprio mondo più ristretto per spaziare verso nuovi orizzonti, che possano favorire il bisogno innato di crescita ed espansione che è insito in ogni creatura.

Ne deriva anche che Giove è collegato alla religiosità della vita, dove il termine "religiosità" non rimanda necessariamente ad una fede o a un credo da seguire o a dogmi da rispettare, quanto ad una filosofia di vita che permetta, anche nei momenti più bui, di guardare lontano senza perdere il contatto con se stessi, con la propria umanità; solo così si avrà la possibilità di "re-ligere" e cioè riunire gli opposti interni, le ambivalenze ed i dubbi che coabitano nell'animo umano, che riusciranno così a trovare una sintesi perfetta, proprio grazie alla fiducia e allo spirito positivo che il pianeta infonde.

Per questi motivi, in astrologia il pianeta è anche collegato al desiderio, tanto quanto Venere; sappiamo infatti come Zeus avesse un rapporto particolare col mondo femminile. Sposo di Hera, sua moglie ufficiale, non si asteneva dal desiderare le donne più belle, che seduceva e possedeva sotto le forme più svariate, metafora della necessità dell'incontro tra maschile e femminile, tra Animus e Anima, tra *Logos* ed *Eros*.

Alejandro Jodorowsky, nel suo "La Via dei Tarocchi", così scrive a proposito della quinta carta degli Arcani Maggiori "L'Imperatore", che ha sempre evocato in me le qualità di Giove:

L'Imperatore, IV Carta Arcani Maggiori

"E se l'Imperatore parlasse: Sono un archetipo unico che risiede in ciascuno di voi. Collocatemi nel vostro centro come una fonte inesauribile, come la radice dei vostri futuri voli. Allora l'angoscia non vi impedirà di vivere o di realizzarvi, l'impotenza e la pigrizia non domineranno le vostre azioni. Le tempeste emozionali non vi distrarranno dalla vostra opera, il dolore e la malattia non vi impediranno di sentire la vostra forza, nulla potrà spezzare la vostra concentrazione. Sono qui, appaio e dietro di me viene tutto un esercito, il sole, le stelle, le galassie. Vi proteggo e vi esorto a essere forti. Sono il vostro guerriero interiore, colui che vede le vostre debolezze e non si lascia indebolire". [24]

E' questo in sostanza ciò che simboleggia Giove, ritenuto giustamente dalla tradizione astrologica "il pianeta della fortuna", a livello di benessere economico e agiatezza di vita.

L'Astrologia Umanistica però, oltre a riconoscere quest'aspetto determinante collegato al pianeta, vede in lui soprattutto l'archetipo della capacità di coltivare un pensiero positivo e costruttivo come filosofia

---

[24] A. Jodorowsky, M. Costa, Feltrinelli, Milano 2009, pagg. 160-161

primaria di vita; Giove è l'ottica con cui si guarda una situazione, per cui – anche se non si ha il potere di cambiarla perché ritenuta difficile – si può almeno cambiare la visione con cui la si guarda e ricavarne un moto di speranza e fiducia.

Infatti, è solo grazie alle intuizioni che regala Giove che si possono visualizzare inedite soluzioni, proprio perché si tiene vivo il dialogo con l'inconscio e con quanto si affaccia alla coscienza. Giove fa così intra-vedere una via, una risposta tanto arcaica quanto innovativa, rispetto alle soluzioni preconfezionate e standardizzate che è solita offrire la mente.

Per far questo, Giove spinge ad andare oltre a ciò che si ritiene "realtà", che spesso è soprattutto un'identificazione con i propri pensieri; attraverso i suoi "fulmini", gli *insights* della psicologia cognitiva che spalancano alla funzione intuitiva della mente, consente l'allargamento in consapevolezza della coscienza stessa.

E' quindi anche il simbolo della fiducia nelle proprie intuizioni e non solo nelle proprie idee; è la capacità di cogliere quelle opportunità che la vita presenta perché sostenuti da una forza interiore che non rinuncia alla speranza, al credere in se stessi e nell'ordine superiore delle cose.

La fortuna di Giove permette di andare oltre i limiti di ciò che è noto e sicuro perché la coscienza possa aprirsi a inedite consapevolezze, anche se lontane dalla propria mentalità e da ciò che è stato giudicato dalla mente come unica soluzione.

Ecco perché il pianeta è anche collegato alla capacità di pre-vedere, di andare oltre le conclusioni a cui porta la mente e darsi un'altra possibilità, Giove è davvero il ponte per agganciare il futuro.

Dal punto di vista dell'archetipo paterno, sicuramente un Sole toccato da Giove (ma anche chi abbia il Sole in Sagittario o in Pesci) parla di un padre ottimista e dall'energia vitale, estroversa, gioiosa e comunicativa.

Se il pianeta non è leso e non intervengono altri aspetti con pianeti che possano spegnere l'entusiasmo e la fiducia interiore, si tratta di solito di una figura generosa, che ispira fiducia, perché è il primo a dare fiducia agli altri, mancando quasi totalmente la diffidenza ed il sospetto. Questo fa del Sole Giove anche un individuo ingenuo che non riesce a vedere ciò che sta al di sotto delle apparenze, alle quali lui dà una certa importanza, il che può renderlo vittima di individui senza scrupoli, che approfittano della sua ingenuità.

Di solito si tratta comunque di un padre su cui un figlio può fare affidamento, come quel "restare un po' bambino" che fa superare gli imprevisti e le difficoltà della vita, proprio perché spinge ad agire con istintiva fiducia, prima ancora di riflettere e giudicare.

Una figura paterna che insegna ad "avere fede", a credere nelle proprie potenzialità, a tentare anche l'impossibile se veramente desiderato. I desideri saranno magari più specificatamente materiali, nel caso il binomio Sole/Giove si trovi sotto l'orizzonte, mentre - col binomio sopra l'orizzonte - le mete saranno più elevate e collegate soprattutto alla crescita spirituale della personalità. Un padre che potremmo definire "fortunato", dove per fortuna s'intende quella particolare predisposizione d'animo che affonda le sue radici nella volontà di espandere la propria coscienza, con fiducia ed amore per la vita.

L'intero discorso può essere esteso al Sagittario, retto da Giove e Nettuno. L'ottimismo e la fiducia nella vita, infatti, sono propri del Segno e del suo guardare lontano, così come la freccia che tende il centauro del glifo può raggiungere i traguardi più ambiti.

Diverso è il discorso nel caso il pianeta ferisca il Sole, o compia aspetti dinamici (congiunzione, quadrato, opposizione) soprattutto con i pianeti personali o con Saturno. In questo caso, la figura paterna potrebbe aver avuto grandi potenziali e qualità, ma sarebbe poi stata in difficoltà ad esprimerli, a credere davvero nelle proprie capacità. Si tratta di solito di un padre che aspira al "tutto e subito", che non conosce il dono dell'attesa e che dà troppa importanza all'immagine più che all'essenza delle cose.

Un padre sempre alla ricerca di nuove conquiste, così come Zeus fu nel mito, dove è importante non tanto l'oggetto d'amore, quanto la conferma del potere di conquista personale.

E infine un padre molto più concentrato sul dare di sé un'immagine vincente e soprattutto solare, grazie alla maschera creata dal suo ruolo sociale e dai riconoscimenti che gli arrivano da fuori.

Jung dedicò particolare attenzione all'analisi del potere che esercita un determinato ruolo sull'individuo nel distrarlo dalla conquista della conoscenza e comprensione di sé, rallentando in tal modo la sua individuazione.

"Persona" è un termine tratto dal latino, significa "maschera" e veniva usata nelle commedie romane per indicare immediatamente il ruolo che l'attore avrebbe interpretato. Nella psicologia junghiana il termine sta ad indicare un segmento dell'inconscio collettivo, una maschera che simula l'individualità; è quindi la modalità con cui ci si mostra agli altri, ciò che si vuole legare all'immagine personale, ma anche quello che si pensa che gli altri pretendano da noi, per garantirci accettazione ed integrazione.

Scrive Jung in "La psicologia dell'inconscio": 'Solo per il fatto che la "persona" è un frammento più o meno arbitrario e casuale della psiche collettiva, possiamo cadere nell'errore di considerarla come un elemento individuale. Essa, come vuole il suo stesso nome, altro non è che una maschera che simula un'individualità, facendo credere agli altri e a sé di essere un individuo, mentre invece si tratta della recitazione di una parte attraverso la quale si esprime la psiche collettiva". [25]

Il ruolo sociale è fondamentale nella vita di un uomo, è una colonna portante della sua realizzazione, perché rassicura l'individuo di fronte al giudizio del collettivo, dà senso al suo operato e gli permette di trovare sempre un punto fermo a cui tornare, è la sua immagine nel mondo. Il ruolo è qualcosa che lui conosce, che interpreta bene, che lo fa star bene perché non solo sazia il suo bisogno di vedersi integrato nella società in cui vive, ma gli permette di trarre forza dall'opinione che la società stessa riconosce al suo operare. Se però il ruolo finisce per fagocitare tutta la personalità, se costringe l'individuo in un'unica identificazione, come se avesse un unico "vestito da indossare", nonostante i molti racchiusi nel suo "armadio" personale, ci può essere via via un senso di soffocamento, d'imprigionamento in un modo d'interpretare se stessi che mortifica le infinite potenzialità dell'essere umano.

Il ruolo imposto a se stessi può a quel punto rappresentare una minaccia alla libera espressione di sé, un impedimento ad interpretare se stessi in manicra innovativa e soprattutto in linea con i suggerimenti che la vita offre e suggerisce di volta in volta. Il ruolo nega il divenire della persona, costringendola a dare di sé un'interpretazione fissa che, a prima vista, può anche rassicurarla e tranquillizzarla perché rispecchia l'immagine interiore in cui si è identificata, ma che in realtà le impedisce di esprimersi in pienezza e libertà.

Scrive Aldo Carotenuto nel citato "Integrazione della

---

[25] C. G. Jung, La psicologia dell'inconscio, GTNewton, Roma 1989, pag. 116

personalità": "Il processo di trasformazione interiore è un'impresa molto ardua e sono pochi coloro che accettano di sopportarne il peso. Molto più spesso accade che si operi un adattamento falsato alle proprie richieste interne, che si assuma la fittizia costruzione di un ruolo che permette di procedere in un'esistenza che va avanti quasi per inerzia e che risponde solo alle aspettative che altri hanno formulato per noi". [26]

E' chiaro che il viaggio di un Sole Giove leso è fortemente incentrato sul recupero della spontaneità e sull'espressione della sua reale natura.

Se questo non accadrà e ci sarà il rifiuto di analizzare l'Ombra, la baldanza e l'esagerazione interne, tipiche del Sole leso, potranno trasformarsi in deliri di grandezza, in eccessi smisurati, in sterili velleità; l'individuo sarà spesso preso da sovreccitazione nel perseguire ciò che è oggetto del suo desiderio, spesso fraintendendo o illudendosi sull'esito delle sue scelte, ma soprattutto non riuscirà a darsi dei limiti e si getterà senza alcun discernimento nelle imprese più rischiose, mantenendo sempre un atteggiamento di sfida nei confronti del mondo. C'è spesso una tendenza a sottovalutare le prove, con la conseguenza di sopravalutare le proprie risorse, oltre all'incapacità cronica di fare tesoro degli sbagli fatti.

Questa dispersione d'energia in progetti irrealizzabili e le conseguenti cadute potranno spesso sfociare in crisi depressive che lo vedranno così passare dalle "stelle alle stalle", senza la capacità di trovare un punto fermo a cui ancorarsi e soprattutto la capacità di rialzarsi e rinascere.

Questo perchè l'archetipo Giove chiede anche che non si superino certi confini, quelli che possano mantenere la persona entro gli spazi di una realistica speranza, senza che ci sia il rischio di trasformare l'entusiasmo in esagerazione, il senso positivo in sopravvalutazione delle proprie possibilità, la lungimiranza in presunzione di avere la verità, il desiderio in avidità.

Si dice infatti in astrologia che Giove, soprattutto durante i suoi transiti, "dilata ciò che trova", volendo con questo significare che per godere appieno dei suoi insegnamenti, bisognerà attuare anche un bilanciamento tra l'innata spinta alla crescita ed il senso di realtà, senza farsi deviare da idealizzazioni estreme o aspettative infantili tanto illusorie quanto impossibili. Ricordiamo che nel mito Giove, dopo aver detronizzato il padre per un nuovo regno, distribuisce il potere tra sé ed i suoi fratelli, quasi a sottolineare come l'archetipo gioviano non potrà mai evolvere senza una

---

[26] A. Carotenuto, Integrazione della personalità, Bompiani 2007, pag. 152

giusta valutazione del potere e dei limiti da rispettare. Fondamentale a questo punto la presenza di un buon Saturno nel cielo di nascita che potrà stemperare la sovreccitazione affettiva e ricondurre tutto nei giusti confini.

Solo dopo quest'integrazione, si può cogliere appieno ciò che Giove simboleggia e non rischiare di scivolare in un eccesso di sublimazione, a cui il pianeta espone quando lavora male: ipertrofia dell'Ego, arroganza e presunzione di avere la Verità, incapacità di darsi dei limiti, cecità o abbagli nelle scelte, così che la possibilità del volo, degli spazi aperti a cui ci spinge Giove, della visione alta che non è mai visionaria perché mai dimentica del limite terreno, si vanificano e si sprecano.

Lo sciamano è una figura gioviana.

Volo sciamanico

Attraverso una condizione d'estasi, egli andava oltre la razionalità, oltre il mondo del pensiero ed entrava in contatto con forze e presenze ignote, con energie più profonde, intuizioni e visioni, proprie del mondo femminile più che di quello maschile, che gli permettevano di attuare un'opera di mediazione ed intercessione tra il maschile ed il femminile, tra la razionalità e l'impulso, tra la logica e l'intuizione, tra materia e Spirito.

Il volo gioviano è quindi possibile solo se c'è la volontà di tornare giù, perché il movimento verso l'alto fa avvicinare all'Infinito e il movimento verso il basso non fa perdere il contatto con i limiti dell'incarnazione umana.

Una riconciliazione interna che permette di continuare a credere nell'Ordine superiore delle cose, perché si è penetrata l'esperienza e se n'è fatto tesoro.

POSEIDONE, NETTUNO

O tu che hai l'eccelsa forza per sempre indistruttibile di Zeus,
ascolta Poseidone signore della terra, dalla chioma turchina, che
tieni tra le mani il tridente lavorato in bronzo, che abiti le
fondamenta del mare,
dal cupo fragore, scuotitore della terra,
che agiti l'acqua salmastra con sibili marini,
che hai ricevuto in sorte come terza parte la corrente profonda
del mare, che ti diletti dei flutti insieme agli animali, salva le
dimore della terra e lo slancio veloce delle navi, portando pace,
salute e prosperità.

(Dall'Inno orfico a Poseidone)

Poseidone, mosaico pavimentale III sec. D.C., Tunisia

Il mito.

Dopo la caduta di Kronos, i tre fratelli Giove, Ade e Poseidone si spartirono il mondo e quello delle acque toccò a Poseidone, il Nettuno dei Romani.

Ci sono diverse versioni della sua nascita; quella più diffusa, lo vede inghiottito dal padre e poi liberato da Zeus, mentre secondo un'altra versione sarebbe stato gettato in mare dal padre, che temeva di perdere il potere.

Gli antichi avevano nei suoi confronti una devozione piena di timore proprio per il temperamento irascibile e vendicativo del dio; infatti, amava gareggiare e lottare con gli altri dei e si abbandonava alle furie più distruttive se perdeva la contesa.

L'archetipo psicologico.

"Mare dalle lunghe risacche,
mare alitante ampi convulsi respiri,
salmastro mare di vita, di non scavate tombe sempre pronte,
agitatore e ululatore di tempeste, capriccioso e delicato mare,
sono parte di te, sono anch'io d'una fase e di tutte le fasi".
W. Whitman

Secondo la psicologia mitica junghiana, l'archetipo "Poseidone" è un modello psicologico complesso, collegato ad una tipologia d'individuo dal mondo emotivo molto intenso, perché tirato contemporaneamente tra il bisogno di farne esperienza ed il timore di esserne travolto.

E' un archetipo che infonde stati d'animo potenti, spesso estremi, perché colorati dalla soggettività, dall'irruenza ed incapacità di attendere, dal bisogno non riconosciuto di esercitare potere sugl'altri e dalla difficoltà ad elaborare la perdita e la sconfitta. Ricordiamo infatti che Poseidone amava sfidare sistematicamente gli altri dei per il possesso dei loro territori, ma perdeva le sfide, dopo di che dava libero sfogo a tutta la sua rabbia.

E' quindi un archetipo che spinge l'individuo all'ostinazione, al credere che nulla e nessuno possano interferire con i propri obiettivi, che vengono considerati perfetti, esponendosi così al crollo degli stessi, quando la vita ne testa la bontà e la sostanza.

D'altra parte i regni su cui dominava Poseidone non erano solo le acque del mare, ma anche le terre, tanto da essere definito "scotitor di terre", proprio per mettere l'accento sulla natura impetuosa e travolgente del dio, in grado non solo di rappresentare il mare quand' è in burrasca, ma anche i terremoti, le scosse che distruggono e sconvolgono il pianeta.

Il dio è quindi collegato ad un archetipo preciso che identifica un individuo dalla grande sensibilità, ma anche da un'emotività aggressiva e violenta, che viene negata per il terrore che possa salire improvvisa da sotto ed inondare la coscienza, sommergendo - come le onde del mare - la sfera della razionalità.

L'acqua ed il mare vengono collegati dalla psicologia junghiana proprio al regno delle emozioni, così mutevoli ed improvvise nei loro cambiamenti, come fa l'oceano che in un attimo può passare dalla calma piatta ed infondere pace e tranquillità in chi l'osserva ed improvvisamente farsi minaccioso e distruttivo, terribile e letale per chi ne solca le onde.

Un aspetto del dio meno noto è collegato anche alle acque del sottosuolo, dove terra ed acqua si uniscono come simbolo di un'emotività che rimane invisibile, anche se potente e trattenuta. Ed è per questo che spesso la vita spinge l'individuo "Poseidone", sia uomo che donna, ad incontrarsi con l'intera gamma delle sue emozioni, comprese quelle più negative che lui tende a reprimere, fin quando capirà che è impossibile controllarle attraverso l'uso della ragione, ma le padroneggerà e le dominerà, perché ha smesso di averne paura.

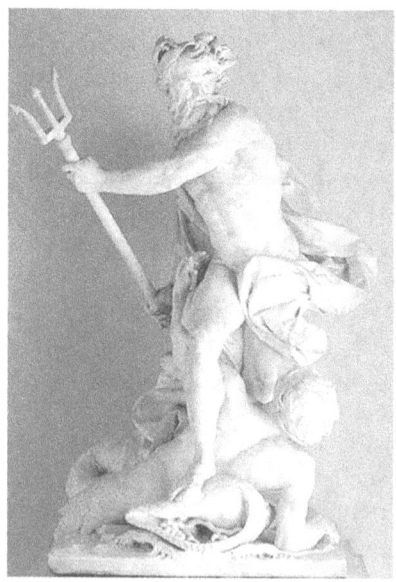

Adam Lambert Sigisbert, Poseidon 1737

Un bellissimo esempio del percorso di conoscenza di se stessi e dell'intera gamma delle proprie emozioni lo troviamo nel film del taiwanese Ang Lee "Vita di Pi" (2012), basato sul romanzo di Yann Martel e vincitore di 4 Premi Oscar nel 2013.

La spinta religiosa del protagonista, scaraventato da un evento improvviso a scoprire le profondità della sua anima, tirata tra la dolcezza e la negatività di alcune emozioni, il suo drammatico incontro col mare che gli farà da specchio per la messa a fuoco della sua natura essenziale, spalancando la porta dell'inconscio, la presa di coscienza della necessità di affrontare "la bestia interna", di cui l'amica tigre è una splendida rappresentazione e quindi la consapevolezza di doverla nutrire ed accarezzare come unico modo per poterla domare, ma soprattutto il riconoscimento della necessità di doversi affidare alla vita, per superare le prove insormontabili che presenta, fanno dello straordinario viaggio di Pi un viaggio dell'anima, un esempio calzante del "percorso d'individuazione" junghiano, in cui è necessario rinunciare al falso Sé, per conquistare l'unica meta possibile, quella più ambita: la propria Verità.

Scrive Jung: "Un uomo che non è passato attraverso l'inferno delle passioni, non le ha mai superate: esse continuano a dimorare nella casa vicina e, in qualsiasi momento, può guizzarne una fiamma che può dar fuoco alla sua stessa casa. Se rinunciamo a troppe cose, se ce le lasciamo indietro e quasi le dimentichiamo, c'è il pericolo che ciò a cui abbiamo rinunciato o che ci siamo lasciati dietro alle spalle, ritorni con raddoppiata violenza". [27]

Onorando le sue passioni, l'uomo Poseidone impedirà all'archetipo di assumere potere su di lui, gli impedirà di renderlo risentito, con la vita e col mondo, spesso rimuginante vendette, così come lo era stato Poseidone nei confronti di Ulisse che gli aveva accecato il figlio Polifemo, a tal punto che il dio ne avrebbe impedito il ritorno a casa per oltre vent'anni.

Ma soprattutto gli impedirà di farlo diventare cinico, rubandogli l'umanità, la tenerezza, la delicatezza e quella capacità di partecipazione empatica con gli altri, che è la più bella qualità di quest'archetipo divino.

Infatti, il dio è anche ricordato per la sua tranquilla maestosità, quando col suo carro solcava il mare placando le onde, quando sedava gli uragani ed

---

[27] C.G. Jung, Ricordi, sogni, riflessioni, Bur Milano 2016, pag. 337

i venti contrari ed accompagnava dolcemente il viaggio dei naviganti, cullandoli con le sue onde.

Il mare diventa così maestro iniziatore, scuola di conoscenza, voce dei propri tumulti interiori, che possono essere accolti, rispettati e non giudicati.

Il mare si fa cura e guarigione.

Mettere insieme la capacità di attraversare come un sommozzatore la profondità emotive ed i loro struggimenti e nello stesso istante immergersi nella piena dei sentimenti rimanendo presente a se stesso, è la sfida potente che propone quest'archetipo, il più difficile per l'Io civilizzato, ma anche il più ricco per onorare il valore e la ricchezza dell'intera sfera emotiva.

Scrive il commediografo e sceneggiatore americano Sam Shepard: "Da qualche parte c'è un mito che parla del lupo e della pecora. La vita consiste nel cercare di farli convivere assieme, nel cercare di trovare un equilibrio tra queste due parti, perché l'una cerca sempre di divorare l'altra. [...] La difficoltà sta nel cercare di accettare che questa è la condizione in cui si vive: la presenza di due parti che si scontrano e la minaccia che l'una abbia il sopravvento sull'altra". [28]

Trionfo di Nettuno, mosaico prima metà III sec. d.C., Tunisia

[28] S.G. Freedman, Why Artists Pay the Wages of Creativity, in San Francisco Chronicle, dicembre 1985

L'archetipo astrologico.

L'archetipo Poseidone in astrologia si collega al pianeta Nettuno, Signore assieme a Giove del Sagittario e dei Pesci, ma molte delle sue caratteristiche possono trovare riscontro anche nell'archetipo collegato al Segno dello Scorpione e al suo pianeta guida, Plutone.

Infatti, nell'archetipo vibrano tutte le tematiche che fanno capo a sentimenti intensi e passionali, nonché alla spinta inconscia alla loro risoluzione attraverso la presa d'atto della necessità di non negarli, ma riconoscerli ed affrontarli per poterli superare.

Il Segno dello Scorpione, Segno d'acqua collegato a Marte e Plutone, porta così il Sole astrologico attraverso un viaggio di scoperta interiore in cui l'individuo entra in contatto con l'archetipo dell'Ombra, formato da tutti quei sentimenti e stati d'animo estremi che sono stati rimossi e che chiedono di essere definiti e trascesi. Contemporaneamente, l'archetipo Poseidone si collega anche al pianeta Nettuno che, in astrologia, simboleggia il bisogno di connessione con il Tutto, quel moto di condivisione e partecipazione che spinge l'individuo ad uscire dal guscio narcisistico dell'Io per aprirsi all'altro, mettendosi al servizio di un bene superiore.

E' chiaro che di fronte a simboli così contrastanti, il Sole astrologico fatica a trovare la sua identità, proprio per la complessità delle istanze interne che sembrano spingere contemporaneamente verso mete diverse ed opposte tra loro. Infatti, tanto quanto l'archetipo Nettuno invita l'individuo a lasciar andare ciò che non partecipa alla sua evoluzione, a distaccarsi da tutto ciò che non spiritualizzi il progetto individuale, tanto quanto l'archetipo Scorpione lo trascina ad incontrarsi con i suoi fantasmi interiori, con le sue profondità emotive, spesso tortuose ed ambivalenti; tanto quanto Nettuno è collegato alla fantasia, al sogno e al rifiuto della realtà, perché simbolo del desiderio di perdersi in dimensioni più allargate, tanto quanto Plutone rifiuta il sogno e la fantasia, perchè a lui interessa innanzitutto definire la realtà.

Dal punto di vista della figura paterna, è chiaro che ci troviamo di fronte ad un individuo dalla personalità molto complessa e sfaccettata perché accanto alla parte romantica e fantasiosa che simboleggia Nettuno, si affianca l'altrettanto forte desiderio di sperimentare la forza del proprio potere personale simboleggiata da Plutone, archetipo che ha bisogno di essere trasformato per permettere all'individuo di progredire sulla strada evolutiva, lasciando andare rancori e risentimenti, legati ad una ferita antica che stenta a guarire.

Se ciò non avviene, così come spiegherò più diffusamente nell'archetipo Ade, il Plutoniano passerà buona parte della sua vita e cercare di imporre la sua volontà, scontrandosi continuamente col potere degl'altri, primi fra tutti i propri figli, con i quali spesso ingaggerà battaglie tanto accese quanto sterili.

Diversamente, il Sole Nettuno ci parla di tutt'altro: ci parla di una figura paterna sensibile ed idealista, pervasa da sentimenti di bontà ed umanità; un uomo anche molto creativo, forse un artista o molto religioso, che conservava però contemporaneamente una ghianda oscura di giudizio e risentimento dentro di sé, che usciva nei momenti di tensione e difficoltà emotiva, oppure quando indugiava nello scontro per affermare se stesso.

La scoperta di queste contraddizioni e la capacità di illuminarle per trovare un punto di mezzo che permetta l'integrazione tra sentimenti ed emozioni contrastanti è la sfida che l'archetipo Poseidone lancia all'uomo in ricerca, che può a quel punto rivelare il lato più umano e solare dell'archetipo, quello collegato all'empatia, all'accoglienza e alla condivisione con gli altri.

ADE, PLUTONE

O tu che hai l'eccelsa forza per sempre indistruttibile di Zeus,
O tu dall'animo forte, che abiti la dimora sotterranea,
il prato del Tartaro dall'ombra profonda e senza luce,
Zeus ctonio con lo scettro,
Plutone che hai le chiavi di tutta la terra,
che arricchisci la stirpe mortale con i frutti dell'anno;
Tu che hai stabilito il trono sotto il luogo tenebroso dell'Ade
Tu solo giudice delle opere invisibili e visibili,
accogli di buon animo questi riti.

(Dall'Inno orfico ad Ade)

Busto di Ade, copia romana originale V sec. a.C.

Il mito.

Ade è il signore degli Inferi, il mondo sotterraneo ereditato dopo la detronizzazione del padre Kronos ad opera di Zeus.

I tre fratelli infatti, Ade, Poseidone e Zeus si unirono tra loro per spodestare il padre che aveva ingoiato gli altri fratelli e regnava con tirannia e dispotismo. Per rubargli le armi, Ade si era servito del suo elmo, la "cappa di Ade" che avevano creato per lui i Ciclopi con pelle di cane; il fratello Poseidone aveva bloccato il padre col tridente e Zeus gli aveva scagliato contro la folgore divina.

Dopo la caduta del padre, i tre fratelli si erano spartiti i tre mondi a disposizione: a Zeus era spettato quello della terra e del cielo, nonché il titolo di "Padre di tutti gli dei"; ad Ade, quello delle tenebre e del mondo sotterraneo, a Poseidone quello del mare.

Chiamato anche "l'invisibile" perché nelle uniche due risalite sulla terra si era munito del suo elmo che lo nascondeva agli occhi degli uomini, Ade aveva una duplice valenza di creatore e distruttore; veniva infatti chiamato con appellativi diversi che andavano da "il buon consigliere", "il rinomato", "l'invitto", "l'ospitale" ad altri più negativi ed oscuri, quali "colui che chiude le porte", il "detestabile". Aveva quindi una valenza positiva e negativa al contempo, racchiudendo dentro di sé il bene e il male, il sacro e il demoniaco, il potere di creare, come quello di distruggere.

La sua dimora era identificata col mondo sotterraneo, al quale si perveniva attraverso due fiumi, lo Stige e l'Acheronte; si approdava davanti ad Ade grazie a Caronte, che trasportava i morti di fronte al dio perché fossero giudicati.

C'è anche da dire che il dio non aveva niente di simile alle caratteristiche che il mito occidentale attribuisce alla figura del diavolo della religione cristiana. Come dio degli Inferi infatti, Ade non era preposto a giudicare chi avesse compiuto misfatti o peccati nei confronti del genere umano, ma esclusivamente a punire il peccato di *hubrys* e cioè l'insaziabile desiderio di potenza, uno sconfinamento dell'Ego che spingeva gli uomini a sfidare il divino, anziché temerlo e onorarlo.

I defunti venivano quindi inviati o nella Pianura degli Asfodeli, o ai Campi Elisi, oppure nel Tartaro, luogo di espiazione e di sofferenza; è lì che venivano puniti i peccati che vedevano l'uomo lottare contro i limiti imposti dagli dei, primo fra tutti la sua mortalità.

E lo stesso mondo patriarcale di cui sono impregnati tutti i miti dell'età classica, con la costante per cui sull'Olimpo i posti di potere erano occupati solo da figure maschili, si discostava fortemente dal regno di Ade, dove il luogo sotterraneo assumeva piuttosto il simbolo di un dominio materno, una sorta di "utero" contenitivo dove gli opposti vita/morte, inizio/fine erano strettamente collegati tra di loro, a tal punto che l'inizio di una vita non poteva non contemplare dentro di sé il seme della sua conclusione, perché solo così si sarebbe potuto rispettare il ciclo naturale dell'esistenza.

Paradossalmente quindi si può dire che, a differenza di Kronos e degli altri dei padri della mitologia greca quali Zeus e Poseidone, Ade sia un "dio madre", perché interessato a punire soprattutto i reati compiuti contro Madre Natura.

Il dio, non visibile agli uomini quando saliva in superficie, fu costretto a palesarsi in due occasioni: la prima fu quando, innamorato di Persefone, decise di farla sua rapendola e portandola agl'Inferi; la seconda fu quando dovette curare una ferita infertagli da Heracle, che lo faceva terribilmente soffrire, a tal punto da fargli lasciare gl'Inferi alla volta dell'Olimpo per trovare cura e guarigione.

Gian Lorenzo Bernini, Ratto di Proserpina, 1621-22

63

Nel mito romano, Ade diventa Plutone, (dal greco *plutòs*), il dio della ricchezza, dell'oro e dell'energia fecondante, che assicura agli uomini grandi potenziali, ma conserva i connotati oscuri dell'Ade greco perché la qualità positiva di ricchezza si affianca a quella negativa di spoliazione e forza distruttiva, quando deve giudicare e punire gli uomini che arrivano nell'Oltretomba, per sottoporsi al verdetto finale.

Per la sua qualità di dio dell'abbondanza, Plutone veniva rappresentato spesso seduto su un trono con una cornucopia tra le mani, con affianco Proserpina, la Persefone dei Greci, regina del mondo sotterraneo.

L'archetipo psicologico.

> *"Se i miei demoni mi abbandonassero,*
> *anche i miei angeli volerebbero via".*
> R. M. *Rilke*

Ade è il dio deg'Inferi e già questa sua peculiarità orienta sulle valenze psicologiche che gli vengono attribuite, strettamente congiunte all'idea della morte e della trasformazione. Rapportato a Zeus simbolo di luce infatti, Ade è l'ombra, è il gemello oscuro, altrettanto potente quanto il fratello Zeus, così come apprendiamo dall'inno orfico a lui dedicato.

Simbolicamente l'archetipo rappresenta una discesa nel regno dell'inconscio personale, dove giacciono i ricordi, i pensieri e i sentimenti spiacevoli provati durante l'infanzia e, proprio perché difficili da tollerare in un'età così precoce, negati e rimossi nell'Ombra.

E' quindi un archetipo che si attiva in tutti quei momenti in cui l'individuo sta sperimentando un periodo di blocco e di ripiegamento interiore, in cui fa esperienza di sentimenti ed emozioni dolorosi che hanno l'unico scopo di aprirlo alla conoscenza di una parte oscura della sua personalità, una parte che non va ignorata ma illuminata, accolta e trasformata.

L'archetipo di solito si stanzia già nell'infanzia, quando ci sia una famiglia disfunzionale, in cui il bambino deve continuamente incontrarsi col rifiuto, l'abbandono e la negazione di sé.

Di solito si tratta di bambini ipersensibili e dallo spiccato sesto senso, le cui percezioni e sensazioni vengono rifiutate e negate da chi li circonda, con la conseguenza di costringerli all'isolamento e al silenzio, per non essere giudicati. Sarebbe invece fondamentale da parte degli adulti, in particolare dei genitori, non denigrare la loro sensibilità, ma accoglierla e farla crescere come un dono speciale.

A quel punto, da bimbi silenziosi ed introversi, i bambini Ade possono accogliere senza timore il ricchissimo mondo interiore con cui entrano in contatto fin dalla nascita; non ritraendosene, potrebbero riuscire a familiarizzare e dialogare con esso e a raccogliere i frutti della creatività di quest'archetipo divino.

Se non ostacolati quindi da genitori distratti e poco sensibili, che puntano a vedere con sospetto e diffidenza tutto ciò che non sia razionale e spiegabile a parole, i bambini Ade possono diventare nell'età adulta degli ottimi psicologi e terapeuti, perché non si sono rifugiati nell'isolamento ma, grazie all'aiuto di adulti che hanno rispettato la loro individualità, hanno imparato a   fidarsi della propria vita interiore, riconoscendo le loro percezioni, le loro sensazioni e vibrazioni, senza averne paura.

Non è certo semplice trovarsi a fronteggiare dinamiche di questo tipo, soprattutto nell'età infantile. La nostra società occidentale rinnega tutto quanto non sia inquadrabile nella sfera della razionalità, non limitandosi ad ignorare questi fenomeni, ma denigrandoli e non attribuendo loro alcun valore. E' chiaro che un bambino che abbia queste doti ma non trovi un appoggio da parte della famiglia, sarà sempre portato a negare questa sua caratteristica, perchè più forte sarà il bisogno di accettazione e comprensione da parte di coloro che rassicurano il suo piccolo mondo circoscritto. Ciò provocherà la perdita di questo dono che comunque getterà l'individuo in uno stato di timore nell'età adulta, perché continueranno a salire dall'inconscio suggestioni e percezioni sconosciute, alle quali non saprà opporre spiegazione e controllo.

Di queste dinamiche psicologiche, si può trovare un ottimo esempio nel film "The Sixth Sense" (1999), "Il sesto senso" del regista M. Night Shyamalan, dove - al di là del finale fantasioso del film - il piccolo Cole Sear (Haley Joel Osment), che ha ripetuti contatti col mondo extrasensoriale, riesce a fidarsi delle sue percezioni, di cui all'inizio ha un sacro terrore, grazie all'aiuto e alla fiducia che gli dimostrerà lo psicologo infantile Malcon Crowe (Bruce Willis), che riuscirà a convincerlo della ricchezza e straordinarietà di queste   percezioni,   demolendo   l'immagine   negativa   che   il bimbo ha di sé, nonchè la paura dell'ignoto e dell'insondabile, che si portava dietro dall'infanzia.

Shiva.

Se volessimo ritrovare nell'archetipo Ade l'equivalente delle filosofie orientali, lo Shiva indù è certamente l'esempio più calzante per esprimere questa doppia valenza di creazione/distruzione, tanto che nella Trimurti il dio è conosciuto come "il distruttore", "colui che rapisce", ma allo stesso tempo viene onorato come "il beneaugurate", "il generoso".

Shiva ha cinque facce, rappresentative delle sue funzioni: innanzitutto la creazione, quindi la stabilizzazione, seguita dalla distruzione, dall'oblio e dalla grazia. Considerato anche il dio del tempo, poteva vedere con i suoi tre occhi il passato, il presente e il futuro e la luna crescente sulla sua corona indica proprio questo controllo sui cicli naturali, ai quali soltanto lui non era sottomesso. Il terzo occhio in particolare, che ha il potere d'incenerire ciò che guarda, era preposto a distruggere periodicamente l'universo, perchè il potere creativo del dio derivava direttamente da quello distruttivo, così come in Ade.

Simbolo di distruzione è anche la cenere che copre il suo corpo, che assume anche un valore di purificazione attraverso la meditazione. Anche la sua chioma, da cui si genera il Gange, è simbolo di purificazione; spesso, tra le molte raffigurazioni, troviamo quella in cui l'acqua del fiume sacro fluisce proprio dai capelli, per simboleggiare non solo il potere di purificare, ma anche quello di donare ricchezza e prosperità. In questo modo, Shiva è la fonte creativa.

La collana *Rudraksha* che Shiva indossa, composta da 108 grani, indica che c'è una consequenzialità nell'opera creativa, nonché in quella distruttiva, affinché venga mantenuto quell'equilibrio dell'universo che deve essere rispettato. L'equilibrio è anche simboleggiato dai due orecchini che il dio indossa, diversi tra loro: *Kundala,* simbolo del maschile, è indossato dagli uomini e *Tatanka,* simbolo del femminile, è indossato dalle donne; Shiva è *Ardhanarishvara,* l'androgino perfetto.

Attorno al suo collo, si avvolge per tre volte un serpente a simboleggiare il presente, il passato ed il futuro, l'importanza dei cicli, nonché la saggezza della Natura incarnata nel dio. Il suo lato creativo è anche simboleggiato dagli occhi socchiusi e dalla posa meditativa in cui viene raffigurato seduto nella posizione del loto, mentre quelle distruttivo è associato ad animali selvaggi: la pelle di tigre su cui è seduto, a volte sostituita da una pelle d'elefante o da quella di un cervo, simboleggiano la capacità dirompente e distruttiva della sua natura.

Nella prima mano a destra, il dio impugna un tridente, *Trishula,* avvicinabile alla simbologia collegata a Poseidone.

Le tre punte del tridente rappresentano le tre azioni fondamentali che muovono l'universo: aggregazione, disgregazione ed equilibrio, mentre il piccolo tamburo a clessidra che impugna nella prima mano sinistra rappresenta il tempo e l'origine dell' *HOM,* il suono primigenio della forza creatrice. Il palmo della seconda mano destra, simile al nostro gesto dell' "Alt", che ritroviamo nella posa tipica del Buddha, simboleggia il coraggio che deve avere l'iniziato per muoversi nel mondo, ma anche quello di cui ha bisogno per distruggere quanto della sua vita lo allontana dall'illuminazione.

E infine, Shiva come *Nataraja* è considerato l'inventore della danza; infatti, esegue la danza cosmica *Tandava* all'interno di un cerchio chiuso da dardi infuocati per distruggere l'universo, alla fine di ogni era. Shiva danza in piedi sul nano *Apasmara,* e questa danza simboleggia la vittoria della conoscenza sull'ignoranza. I dardi infuocati simboleggiano il fuoco cosmico, che tutto crea e tutto distrugge, mentre il cerchio rappresenta le ere che si succedono nel *Samsara*.

Questa sua caratteristica di danzatore lo avvicina molto anche a Dioniso e non è un caso che Ade e Dioniso fossero spesso uniti nei loro attributi. In particolar modo, in uno dei frammenti di Eraclito, leggiamo "Dioniso, dio del vino e Ade, Signore della morte e degli oscuri mondi inferiori, sono la medesima divinità".

La danza cosmica di Shiva

L'archetipo astrologico.

> *"Soltanto ciò che può distruggere se stesso,*
> *può essere veramente vivo".*
> C. G. Jung

Se per certi versi l'archetipo Poseidone può presentare dei rimandi alle simbologie plutoniane, l'archetipo Ade evoca completamente le caratteristiche astrologiche di Plutone, Signore dello Scorpione, messo in collegamento con l'ottavo settore dell'oroscopo.

I suoi significati, come già accennato, sono molto particolari, sicuramente complessi e abbastanza difficili da interpretare. Non a caso, è il pianeta più lontano dalla terra e quindi, per simboli ed analogie, anche molto lontano dalla comprensione umana.

Simbolo primario di Plutone è l'energia creativa, è il seme della creazione e la potenzialità che è insita nella natura umana di "dare la vita"; nello stesso tempo, però, è simbolo anche di distruzione e cioè di quell'altrettanto forte potenzialità umana di distruggere quello che impedisce la vera realizzazione e ostacola il "compimento del progetto".

Infatti Plutone in astrologia è collegato al Sé, al progetto da realizzare in questa incarnazione, che può coincidere, ma anche non coincidere affatto con le mete coscienti dell'Io.

Ecco perché in Astrologia il pianeta è anche lo specchio di quella soddisfazione o insoddisfazione di sé, che sta alla base dell'equilibrio individuale.

Proprio perché preposto alla completa conoscenza di se stessi, il suo simbolo è collegato con "quello che c'è di meglio, ma anche di peggio nella natura umana" e alla capacità che ognuno di noi dovrebbe raggiungere nell'integrare gli opposti.

I suoi simboli, oltre alla capacità creativa, alla forza interiore, alla possibilità che ha l'uomo di esprimere il meglio di sé, sono anche riconducibili a quanto nella nostra società è collegato al "tabù" e cioè a quei concetti che ancora la nostra società stenta a integrare nella coscienza: l'impulso primordiale innanzitutto e tutta quella sfera istintiva ed aggressiva c'è dentro di noi, che non vogliamo riconoscere e che tendiamo a negare e rimuovere, facendo un uso eccessivo della logica e della ragione; il sesso che è manifestazione primaria dell'istinto e della libera espressione di sé, il denaro e la convinzione di poter dominare ogni aspetto della vita attraverso il possesso, ma soprattutto il concetto di potere, di perdita e di morte. E' a Plutone infatti che si attribuisce la capacità di distruggere quanto della nostra esistenza rischia di diventare fisso, ma soprattutto lontano dalla verità interiore, quella che esige che l'uomo sia sempre fedele a se stesso e non all'immagine che vorrebbe dare di sé.

A seconda del settore in cui si pone nell'oroscopo di nascita, si potrà scoprire l'area della vita in cui saremo chiamati ad operare trasformazioni, a lasciar andare condizionamenti familiari e credenze ostinate per aprirci a nuove intuizioni, capaci di spalancare la porta a capacità e potenzialità che rischiavano di restare inespresse. La parola d'ordine con Plutone è "lasciare andare" o, come scrive la grande astrologa inglese Liz Greene, "imparare ad attendere con grazia", in quei momenti in cui sentiamo che possiamo evolvere ad uno stadio superiore, soltanto lasciando andare attaccamenti e tutto ciò che ci imprigiona in uno stato di sofferenza.

Esaminando gli aspetti che il pianeta fa col Sole, la Luna e i pianeti personali, si può delineare il percorso individuale in rapporto a questi significati. Se Plutone alla nascita si lega al Sole, qualsiasi sia l'aspetto che forma, l'individuo avrà come progetto la conoscenza dei limiti del potere personale, quello che può o non può fare, nonché la correttezza delle azioni che metterà in atto per ottenere ciò che desidera. Plutone lo sfiderà nella conoscenza del potere che esercita sugli altri e lo spingerà per tutta la vita ad acquistare piuttosto potere su di sé, sui suoi desideri, sui suoi istinti, sulla capacità creativa, ma anche distruttiva della sua essenza più profonda..

Se Plutone si lega alla Luna, l'individuo dovrà diventare autonomo a livello emotivo, imparando a disciplinare le istanze istintive che prova ad arginare negandole e rimuovendole. Dovrà inoltre liberarsi dalle ossessioni che sovente affollano i suoi pensieri e distaccarsi da tutto ciò che non permette la necessaria trasformazione.

Se Plutone si lega a Mercurio, il progetto sarà finalizzato a smontare gli schemi fissi della propria struttura mentale; gli eventi della vita porteranno l'individuo a dare maggior valore all'istinto e alla sua capacità percettiva, più che alla razionalità e ai pregiudizi mentali.

E infine, se Plutone si lega a Marte, il progetto dovrà essere incentrato sulla risoluzione della collera irrisolta che, se non riconosciuta e trasformata, può rompere gli argini di una personalità iper controllata e se si lega a Venere, l'individuo dovrà riflettere sulle dinamiche di controllo che lo portano ad istaurare rapporti e relazioni di dipendenza dagli altri o, di contro, di bisogno di dominio, in particolare nei confronti delle donne.

Dal punto di vista della figura paterna, il Sole in aspetto armonico a Plutone (trigono, sestile) di solito ci parla di una figura dall'alto potenziale creativo, che ha uno scambio fruttuoso con i propri figli, perché non li ostacola nei loro progetti, ma anzi li consiglia su come portarli avanti ed attuarli. Ricordiamo che uno degli appellativi positivi di Ade era "il buon consigliere" e questo lo si può ritrovare in tutti quegl'uomini che non rifiutano le loro sensazioni viscerali, ma le analizzano con onestà per poi trasformarle in potenziale positivo e creativo, messo a disposizione anche degli altri.

Si tratta quindi di una figura genitoriale dalla grande potenza interiore e con una forte determinazione, capace di spronare il figlio e quanti si rivolgono a lui verso mete di realizzazione e soddisfazione.

Il Sole Plutone che ha potuto godere di una simile figura paterna ha spesso provato ammirazione e timore reverenziale nei suoi confronti, riuscendo così a sviluppare le sue doti e qualità grazie ad una buona autostima, a conoscere i limiti del potere personale e soprattutto a non infrangerli, ma soprattutto ha imparato a non aver timore dei suoi presentimenti, delle sue zone d'ombra, delle sue ambivalenze, perché le ha affrontate e trasformate in punti di forza.

In chi ha potuto strutturare una buona autostima e apprezzamento di sé, i periodi di crisi vengono generalmente affrontati con pazienza ed accettazione, anche per quella capacità di intuire il tempo in cui è necessario predisporsi a lasciare andare ciò che non è più utile per la propria evoluzione, senza accanirsi od ostinarsi ciecamente, ma aprendosi con distacco e fiducia al nuovo, che sempre la resa porta con sé.

Scrive Roberto Assagioli nel suo "Psicosintesi": "Nel distacco i desideri si trasformano, la forza vitale non si distrugge, ma viene "presa in mano", utilizzata e dominata. Si può far uso di tutte le forze vitali, possedendole ed incanalandole". [29]

Con gli aspetti tesi invece (congiunzione, quadrato e opposizione), oppure con una congiunzione lesa da un altro pianeta come Saturno, è possibile che il padre sia mancato quando il figlio era in tenera età, oppure che sia scomparso comunque dalla vista del figlio, o abbia intrattenuto col figlio un rapporto basato soltanto su atti di forza ed imposizione del potere personale.

Si tratta di solito di una figura cupa e solitaria, tutta ripiegata su di sé, con un forte potenziale creativo generalmente inespresso, tanto da cadere di tanto in tanto nell'isolamento e nella depressione, simbolo della lotta interiore tra la forza della propria creatività e la sensazione di distruzione che si teme avvenga nell'esprimerla.

Se il pianeta si congiunge o fa aspetti con Marte poi, non è escluso che il padre fosse anche una figura violenta, incapace di stabilire un contatto con

---

[29] R. Assagioli, Psicosintesi, Astrolabio, Roma 1993, pag. 96

i propri figli, imponendo loro la sua autorità e pretendendo obbedienza assoluta. Un uomo che aveva in ogni caso un forte potere emotivo sui figli, spesso intimoriti, in soggezione, se non pervasi da un vero e proprio terrore.

E' inevitabile che il Sole Plutone leso che abbia vissuto a contatto con un padre di questo tipo, abbia anche iniziato a coltivare dentro di sé le stesse caratteristiche dell'amato/odiato genitore. Il mettersi alla prova, il cercare di dare di sé sempre un'immagine vincente e smagliante, il vivere continuamente in uno stato di sfida sono le mete coscienti del Sole in aspetto teso a Plutone, per quell'insicurezza interiore e bassa autostima che mina alla base qualunque progetto, per la paura di perdere che è e rimane per lungo tempo il più grande tabù del plutoniano.

L'archetipo è quindi quello che più di ogni altro deve essere velocemente portato alla coscienza per impedire che, col passare degli anni, si creino delle barriere invalicabili nella psiche che impediscano di arrivare alla definizione di sé. Riprendere in mano la figura paterna, ma anche materna se Plutone si lega alla Luna, è fondamentale perché l'uomo non rimanga imprigionato in un falso sé, fraintendendo tutta la sua esistenza.

L'amore come catarsi e redenzione.

Ricordiamo come Ade decise di salire in superficie per rapire Persefone, essendosi innamorato follemente di lei. Riporto a questo proposito il mito di Demetra e Kore che è uno dei miti più straordinari che incontriamo nello studio delle leggende antiche.

Questa la sua versione più diffusa: Demetra e Kore, dea delle messi e dei campi la prima e dei fiori la seconda, erano madre e figlia. Non si separavano mai e vivevano come fuse. L'una non poteva fare a meno dell'altra e niente aveva significato per loro se non era fatto insieme.

Ad un certo punto della loro storia tranquilla e felice, avviene un evento traumatico: Ade, dio del mondo sotterraneo, invaghitosi di Kore, risale in superficie e la rapisce, portandola agli Inferi. Da quel momento in poi, Demetra cade in un tale stato di disperazione e depressione che rifiuta di occuparsi di nient'altro se non del suo dolore e soprattutto di ritrovare la figlia. Non si cura più delle messi, non si cura più dei campi e di renderli fecondi e tutta la natura inaridisce ed avvizzisce insieme a lei, partecipandocosì al suo dolore.

Kore, da parte sua, piange tutto il giorno e si dispera perché ha paura di stare in quel luogo di ombre e di morte ed implora Ade di lasciarla tornare dalla madre, ma Ade è irremovibile.

E' a questo punto che Zeus, supplicato dagli uomini che vedono i loro campi trasformati in deserti, si preoccupa di inviare Hermes ad intercedere perché il dio degli Inferi consenta a Kore di rivedere la madre. Ade cede, perché profondamente innamorato della moglie, ma prima di lasciare andare la sposa, le dà da mangiare dei chicchi di melograno, il fiore del ricordo; con quest'atto, lei non avrebbe più potuto restare per sempre con la madre in superficie, ma solo due terzi dell'anno; nel periodo rimanente sarebbe dovuta tornare dal marito, nel mondo degli Inferi.

Da qui, il mito delle Stagioni e dei Mesi che si succedono nell'anno: quando è primavera ed estate, Demetra si occupa della natura, delle messi e tutto è rigoglioso e fertile e quando è autunno ed inverno, la natura si ferma e muore un pò, ma solo per un po', in attesa di rinascere a nuova vita.

Luca Giordano, Il ratto di Proserpina, 1682

Non c'è dubbio che l'incontro tra Ade e Persefone venga visto dal mito come un evento inevitabile.

Persefone, infatti, accetta inconsciamente di mangiare i semi di melograno che il marito le offre, come se ella stessa desiderasse rimanere con lui, staccarsi quindi dalla madre e dalle sicurezze della sua vita ed incamminarsi verso una nuova esistenza. E' come se lei inconsciamente sapesse che la conoscenza di sé non poteva essere ampliata senza l'abbandono del territorio infantile, attraverso un'esperienza sconvolgente come quella del rapimento, ma necessaria per la sua evoluzione.

La stessa inevitabilità la troviamo nelle gesta di Ade: mai risalito in superficie se non per curare una ferita dolorosissima, il dio cambia atteggiamento per amore, perché vuole che Persefone sia sua, regina del suo mondo.

A livello simbolico possiamo quindi dire che l'uomo Ade che voglia evolvere l'archetipo ed elevarsi spiritualmente verrà sfidato a farlo proprio nell'ambito dell'innamoramento, dell'incontro con l'estasi e con le pene d'amore. Ma dovrà anche riflettere sulla capacità di saper perdere, accettando i fallimenti. Sarà infatti proprio attraverso questo continuo bisogno di trasformazione che l'individuo sarà portato ad analizzarsi, a mettere in atto strategie anche distruttive pur di superare la sofferenza causata dal fallimento, dalla disfatta e dalla perdita, in amore così come in altri campi.

E' per questo che si nota spesso nel Plutoniano un'inclinazione inconscia a distruggere proprio ciò che ha costruito con fatica ed impegno nei primi tempi e questo soprattutto nelle relazioni amorose: se da una parte infatti all'inizio s'impegna e dà tutto se stesso per esprimere la ricchezza del suo mondo interiore, facendo dono di sé all'altro, s'insinua gradualmente uno strisciante desiderio di distruzione, quasi di morte, come se darsi e donarsi per oltre un certo periodo venga giudicato negativo, castrante e limitante per la propria libertà.

Soprattutto durante i transiti del pianeta, importanti e spesso sconvolgenti per tutti, il Plutoniano si sente trascinato da una forza sovrumana, interiore e non certo fisica, attraverso cui pensa di poter sfidare il mondo intero, di sfidare il cielo stesso, facendo scelte esclusivamente orientate al suo interesse personale e queste scelte sono spesso colorate di possessività, di prepotenza e di volontà di potere e dominio sull'altro. Inevitabile che lui giunga ad un certo punto, anche se inconsciamente, a provocare la fine di ciò che aveva creato, soprattutto in amore, che stava trasformando in una cosa malata e le cose malate devono guarire, oppure morire.

Se l'uomo Ade riflette su questo, potrà senza timore scendere dentro di sé e riconoscere le ricchezze che l'archetipo simboleggia: prima fra tutte la grande capacità di amare senza manipolazioni e pretese, ma attraverso il dono di se stesso; capirà che essere ferito nell'orgoglio e nell'immagine vincente che ha di sé non è poi così doloroso, quanto invece potrebbe essere doloroso perdere l'umanità di cui è capace, perdere la sua grande capacità di dare. E infine capirà che la vera sfida da accettare e vincere è quella di esercitare potere innanzitutto su se stesso, sulle proprie emozioni, sulle proprie paure, rivoluzionando totalmente la sua scala di valori e trasformando tutto questo potenziale in punti di forza per sé e per le persone che ama.

Scrive Jung che aveva Plutone congiunto alla Luna: "Fu solo dopo la malattia che capii quanto sia importante dire di sì al proprio destino. In tal modo forgiamo un Io che non si spezza quando accadono cose incomprensibili; un Io che regge, che sopporta la verità e che è capace di far fronte al mondo e al destino. Allora fare esperienza della disfatta è anche fare esperienza della vittoria. Nulla è turbato, sia dentro che fuori". [30]

Ade e Persefone in trono, Pinax locrico, 470-460 a.C.

[30] C. G. Jung, Ricordi, sogni, riflessioni, Bur Milano 2016, pag. 362

ARES, MARTE

Indistruttibile, d'animo vigoroso, di grande forza, demone prode,
ti diletti delle armi, indomabile, omicida, distruttore di mura,
Ares sovrano, dalle armi risonanti, ecciti tumulto di guerra,
Tu che ami la lotta dissonante con le spade e le lance ferma la contesa furiosa,
sciogli la fatica che affligge l'animo, annuisci al desiderio di Cipride,
mutando la forza delle armi nelle opere di Deo,
reclamando la pace che nutre i giovani, che dà felicità.
(Dall'Inno orfico ad Ares)

Ares Ludovisi, copia di originale greco del 320 a.C
restaurata da Gian Lorenzo Bernini

Il mito.

Secondo Ovidio, Ares nacque per partenogenesi da Hera, gelosa del fatto che Zeus avesse generato da solo la dea Athena.

Omero lo descrive come un dio irascibile e un po' gradasso, sempre pronto alla lite, anche se – come dio della guerra - veniva comunque invocato nei momenti di difficoltà per infondere coraggio e forza d'animo nelle battaglie o quando ci si dovesse scontrare in una contesa.

Queste due caratteristiche contrastanti tra loro le ritroviamo nel dio Mangala delle religioni induiste, irascibile e collerico tanto quanto l'Ares greco, ma anch'egli invocato per affrontare con coraggio le battaglie ed ogni genere di lotta e nel babilonese Assur, dio della guerra e della fertilità, il cui nome significa "buono, benefico" e al quale si può avvicinare l'evoluzione di Ares nel Mars latino.

Infatti, se l'Ares greco era venerato come un dio potentissimo perché dotato di una forza quasi bruta, mai domata dalla ragione; era un simbolo di furia che si faceva cieca e che lo trascinava in ogni battaglia con lo scopo di "lottare e basta", per rispondere a un affronto o per un semplice bisogno di primato, alla lotta superiore e salvifica si associa il Marte latino che, se pur sempre divinità guerriera, era onorato dagli antichi romani come seconda divinità dell'Olimpo, perché non solo valente guerriero, ma anche dio della natura e della fertilità.

L'archetipo psicologico.

Nel Marte latino infatti, l'archetipo mitico del dio della guerra si affina e per così dire si spiritualizza nell'intento delle scelte, che spingeranno la persona in cui vibra quest'archetipo a lottare principalmente per cause giuste e superiori, più che per un utile solo personale, o per antagonismo, o mero desiderio di vittoria sull'altro.

Nell'archetipo infatti, viene sottolineato, oltre al coraggio e all'energia fisica, anche una grande forza interiore che crede nella dignità stessa del combattere, che considera l'avversario non come un nemico e si fa eroico ed altruistico se c'è da intervenire per sorreggere persone innocenti ed incapaci di difendersi da sole, ma anche cedevole nel momento in cui si riconosca la necessità di farsi da parte, se la situazione lo esige per un bene superiore.

Potremmo associare il Marte latino alla figura del Samurai del Giappone feudale, che affianca alla forza fisica del guerriero Ninja, archetipo avvicinabile all'Ares greco, la capacità d'essere leale con il nemico, senza strategie ambigue o colpi bassi, secondo un'etica superiore che lo stesso termine "samurai" significa: mettersi al servizio.

Secondo questo modello, l'uomo è forte non solo perché naturalmente dotato di forza fisica, ma perché "si sente forte" di un'energia interna, mai scissa dalla volontà di operare nel giusto e non prima di aver illuminato gli intenti, sia coscienti che inconsci, che muovono le sue azioni.

Diversamente, la parte ombra dell'archetipo è molto distruttiva.

E' una parte che spinge a creare fratture e continue lotte con gli altri per affermare la propria volontà, perché il senso d'identità scaturisce proprio dallo scontro e in che misura nello scontro si risulti vittoriosi.

L'archetipo marziano non compiuto diventa così il simbolo della lotta tanto gratuita quanto sterile, nella ricerca continua di nemici a cui attribuire la colpa dei propri fallimenti, non tenendo presente che quanto più si lotterà contro questi nemici invisibili, quanto meno si arriverà alla comprensione della globalità della propria natura.

Per evolvere l'archetipo, chi abbia scelto questo modello divino in cui identificarsi potrebbe rintracciare l'essenza di sè non più nella sfida del combattimento come scelta a priori, né per un bisogno di vittoria che lo spinge anche ad essere scorretto nei confronti degli altri, ma nel discernere attraverso la visione interna suggerita dal suo Spirito, quando valga la pena combattere e quando no; quando sia giusto lottare e quando ritrarsi dalla battaglia; avrà anche imparato ad essere diretto nelle azioni che non scaturiranno più da una re-azione all'altro o da sterili strategie di difesa, né a produrre un effetto per ampliare il senso di sé, ma da un intimo convincimento di operare nel rispetto di ciò che gli suggeriscono non soltanto la testa e l'impulso, ma soprattutto lo Spirito ed il cuore. In particolar modo ha imparato che i "nemici esterni" contro cui pensa di dover combattere, non sono altro che il riflesso della sua volontà di "combattere se stesso" in ciò che rifiuta e rinnega di sè, le sue fragilità e le sue incompletezze.

Scrive Aldo Carotenuto nel suo "Integrazione della personalità": "L'antagonista rappresenta ciò che neghiamo di essere e tuttavia in parte siamo. Ciò spiega il rapporto forte e conflittuale che viene ad instaurarsi con tale figura: in lui possiamo proiettare ciò che non riusciamo ad accettare come parte di noi, in quanto in stridente contraddizione con l'immagine esibita ed accettata di noi stessi". [31]

Questo insegnamento fondamentale da seguire nell'azione è ben colto

---

[31] A. Carotenuto, Integrazione della personalità, Bompiani, Milano 2007, pag. 134

dal pensiero orientale, come leggiamo: "le azioni che derivano dall'esperienza e la esprimono non sono tese a produrre un effetto. Le azioni che affermano la vita piuttosto che negarla, che rivelano piuttosto che nascondere, che esprimono piuttosto che reprimere, sono in un certo senso "non azioni". L'azione infatti contrariamente alla manipolazione (di se stessi o degli altri), viene sperimentata come fluente dall'interno verso l'esterno invece che compiuta per andare incontro a modelli estrinseci".[32]

Secondo la filosofia orientale quindi, è solo attraverso l'azione "non azione" che si può ricondurre l'identità non a ciò che si fa, né a ciò che si possiede, meno che mai a ciò che si mostra, ma solo e semplicemente a quel che si è.

L'archetipo del guerriero.

"Ottenere cento vittorie in cento battaglie non è prova di suprema abilità, sconfiggere il nemico senza combattere è prova di suprema abilità".
Sun Tzu

Tra gli archetipi junghiani, quello del "Guerriero" rimanda indubbiamente al dio Ares ed è certamente uno degli archetipi più importanti, perché strettamente connesso con la radice stessa della personalità maschile.

L'archetipo mette l'accento sulla forza fisica ed interiore, sulla capacità di attuare strategie d'attacco e di difesa per districarsi nell'esperienza di vita e sulla possibilità di conquistare e raggiungere le mete prefissate.

E' quindi strettamente collegato alla *libido*, l'energia che si sviluppa all'interno della psiche in quei momenti in cui l'azione deve risolvere l'esperienza che si sta vivendo, nonché le emozioni che si stanno provando.

Per questo motivo, l'archetipo è tra tutti quello che appare di più in movimento, perché collegato alle fasi della vita, che lo vedono balzare in primo piano nel periodo adolescenziale, per poi definirsi sempre di più col passare del tempo, grazie alla spinta della coscienza di acquistare sempre più consapevolezza nelle scelte della vita. Se disciplinato e riconosciuto nel suo lato indifferenziato che induce all'aggressività, perfino alla brutalità nei casi

---

[32] www.etanali.it/zen.htm

più estremi, l'archetipo evolverà verso nuovi modi d'espressione, che - a seconda dell'indole della persona - s'inaspriranno elevando il grado di aggressività nell'individuo impulsivo e passionale, oppure verranno sublimati verso manifestazioni superiori, perché superiori saranno le mete che si porrà la mente.

Nella mitologia greca l'archetipo del Guerriero può trovare una rispondenza nella figura e nelle gesta del semidio Heracle, l'Ercole dei Latini, ricordato per le sue "dodici fatiche", di cui la più rappresentativa per l'alto valore simbolico che racchiude, la lotta con l'Idra di Lerna, potrebbe aiutare a comprendere il valore della vera forza, qualità specifica dell'archetipo compiuto, quando si siano ormai integrati in un tutt'uno il coraggio con la paura, l'impulso con la ragione, la volontà con la flessibilità, l'aspirazione alla conquista col limite personale, attraverso l'integrazione degli opposti psichici, unico ponte e collegamento tra la parte cosciente e quella inconscia della psiche.

Ripercorriamo allora le fasi del mito, secondo la versione che ne dà l'astrologo junghiano Howard Sasportas (1948-1992) nel suo "Gli dei del cambiamento, Urano, Nettuno, Plutone". [33]

Molto famoso per la sua forza e per il coraggio che l'aveva fatto distinguere già nella sua prima fatica, l'uccisione del leone di Nemea, Heracle fu chiamato da Euristeo alla seconda fatica, in cui avrebbe dovuto uccidere il mostro a più teste che da tempo faceva strage di uomini ed animali nella città di Lerna, funestando la piccola città.

Prima di cominciare a cercare l'Idra, Heracle si reca da Chirone, guaritore e suo maestro e gli chiede cosa debba fare per sconfiggere il mostro, perché nessuno tra quanti avevano provato ad ucciderlo c'era riuscito. E Chirone gli parla così: "Lotta frontalmente e alla luce del sole e chiedi aiuto se non ce la fai; se c'è da inginocchiarti, fallo, ma soprattutto predisponiti a perdere, perché solo così potrai vincere".

Questo responso sulle prime sembra molto oscuro ad Heracle: un eroe come lui non poteva certo avere bisogno d'aiuto, né tanto meno predisporsi a perdere. Nonostante ciò e fidandosi ciecamente del suo maestro, Heracle si mette in cammino alla volta di Lerna.

Arrivato alla palude, non riesce subito a trovare l'Idra, non la vede; poi si accorge che è immersa dentro una caverna piena di sudicio e di fango e

---

[33] H. Sasportas, Gli dei del cambiamento, Astrolabio, Roma 1989, pag. 221

decide così di entrare, cominciando però ad affrontare il mostro solo lateralmente, perché non si vuole sporcare; comincia così a tagliare via via le teste a lui più vicine, ma per ogni testa che mozza, ne rispuntano altre due, che vanificano ogni sforzo di avere la meglio sul mostro. A quel punto, si ricorda le parole del maestro: "lotta frontalmente e alla luce del sole" e comprende che finché agirà in difesa o con l'inganno non potrà vincere l'Idra; esce così allo scoperto e costringe il mostro a doversi rivelare, ma l'impresa diventa ancor più difficile perché l'Idra fa uscire tutte le sue teste che si moltiplicano con una rapidità impressionante, non appena Heracle le afferra e le taglia via. La lotta sembra impossibile, ma soprattutto impari e destinata ad essere perduta.

Proprio quando Heracle sta per soccombere, ecco che ricorda ancora una volta le parole di Chirone "solo l'aiuto di un vero amico ti potrà salvare".

Antonio del Pollaiolo, Ercole e l'Idra, 1475

Riconoscendo che ha bisogno di chiedere e che non potrà superare la prova da solo, va da Iolao, suo nipote a lui affezionato, che lo aiuta così nell'impresa : l'eroe accende un fuoco e non appena stacca una testa del mostro, la passa a Iolao che la raccoglie e la brucia, impedendo così alla testa di potersi rigenerare. Quando i due stanno per tirare un sospiro di sollievo perché manca solo la testa centrale, l'unica ad essere mortale, Heracle si accorge che l'Idra mantiene la testa nel basso, sfidandolo a scendere giù…ancor più giù e ad esporsi più delle altre volte ed ancora una volta l'eroe si ricorda le parole di Chirone: "se c'è bisogno, inginocchiati".

E così farà: inginocchiato nel fango della palude, si avvierà verso l'uscita costringendo l'Idra a seguirlo fuori della caverna, alla luce del sole e solo lì sarà in grado di staccare di colpo l'ultima testa, raccogliendo il gioiello in essa incastonato, nonché il veleno mortale che renderà vittoriose da quel punto in avanti tutte le sue imprese future.

La versione di questo mito è sicuramente molto illuminante sulle risorse a cui l'individuo può attingere nei momenti di prova, in cui dovrà fare appello alla sua forza, che dovrà essere non solo fisica, o collegata all'astuzia, al sapere, o alla semplice volontà, ma soprattutto psicologica, perché basata innanzitutto sulla conoscenza dell'interezza di se stesso e sull'analisi delle sue finalità. Infatti, il mito suggerisce che l'individuo potrà acquistare una reale forza solo nell'attimo in cui, attraverso la visione chiara delle sue qualità così come dei suoi limiti; attraverso la valutazione razionale e sincera di quelle che sono le sue intenzioni ed i motivi per cui sta lottando; attraverso la conoscenza della profondità delle sue emozioni, comprese quelle più primitive e difficili da accettare, avrà anche imparato quando contare solo sulle sue forze e quando chiedere aiuto, quando continuare a combattere e quando rinunciare, fino al punto di predisporsi anche a perdere, nella consapevolezza che il vincere una prova potrebbe dover passare attraverso un momentaneo atto di resa.

Ma si sarà soprattutto interrogato sulla sua scala di valori, su quanto le pressioni familiari, sociali e collettive hanno ancora potere su di lui e sulla sua volontà; quanto ci sia di "suo" in quello che desidera e per cui si batte e quanto sia ispirato dal sentire collettivo; solo a quel punto potrà visualizzare il suo "mito personale": realizzare ciò che è importante per sè e che va perseguito con tutte le forze e lasciare andare ciò che è totalmente privo di importanza e solo zavorra nel viaggio della sua vita.

Scrive C.S. Pearson in "Risvegliare l'eroe dentro di noi": "Per il Guerriero arrivato al grado più alto, la vera guerra è sempre contro i nemici interiori, l'accidia, il cinismo, la disperazione, l'irresponsabilità, il diniego. E' il coraggio di affrontare i draghi interiori quello che in ultima analisi ci permette di affrontare quelli esteriori con intelligenza, autodisciplina e saggezza. Il costo della lotta può essere altissimo, perché il mondo è spesso un posto duro. E' importante essere abbastanza duri non solo per resistere, ma anche per scegliersi le battaglie giuste. I Guerrieri maturi, specie quelli che si fidano delle proprie capacità, non devono combattere per ogni cosa, ma scelgono con cura le cause per cui farlo". [34]

La figura di Chirone, così come quella di Iolao, guaritore e maestro di vita il primo, amico fidato il secondo, sono particolarmente illuminanti in questo percorso di consapevolezza.

John Singer Sargent, Chirone e Achille, 1921

Il primo sarà il simbolo della necessità che l'individuo deve saper cogliere in alcuni momenti della sua vita di fidarsi di visioni diverse non solo da ciò che pensa sia la miglior scelta possibile, ma anche dall'immagine che il suo Io culla di se stesso, a cui dovrà rinunciare perchè non lo rappresenta

[34] C.S. Pearson, Risvegliare l'eroe dentro di noi, Astrolabio, Roma 1992, pag. 119

nella sua interezza; il secondo è il simbolo dell' "amico interno" più che esterno e cioè delle parti nobili dell'umana natura che sanno come venire in soccorso nell'attimo in cui verranno riconosciute quelle meno nobili, che potranno essere trasformate e sanate solo dopo questo atto di riconoscimento, indispensabile per arrivare alla conoscenza completa di se stessi e non solo di ciò in cui è stato più facile identificarsi, nel corso della propria esistenza.

L'archetipo astrologico.

In astrologia, l'archetipo della forza è collegato a Marte, pianeta maschile di Fuoco, Signore dell'Ariete e dello Scorpione, il cui glifo simboleggia la forza centrifuga dell'energia, che fluisce dal dentro al fuori.

E' un archetipo che rappresenta il tipo di vitalità di cui l'individuo dispone per affermare se stesso, per portare avanti la sua individuazione, che sarà rispecchiato dal Segno e dal settore astrologico in cui si colloca Marte alla nascita. L'energia di un Marte in Ariete infatti, impulsivo ed istintivo nelle scelte, sarà ben diversa da quella di chi presenta un Marte in Cancro, passivo e mai disposto ad attaccare per primo o di un Marte in Bilancia, desideroso di scambi equilibrati, in cui primeggiano il controllo e la diplomazia.

Collegato strettamente all'azione, all'attacco e all'affermazione della volontà personale, nonchè all'impulso vitale e alla sessualità, l'archetipo snoda il suo viaggio nei segni di Fuoco, illustrando il passaggio simbolico che l'individuo dovrà fare per raggiungere uno stadio conclusivo di completezza, in cui la forza fisica non potrà avere alcun valore se non affiancata dalla forza morale, dalla capacità di lottare per i propri ideali con etica e senso del limite, senza scivolare nel fanatismo o nell'utopia.

E' grazie all'archetipo marziano compiuto, infatti, che si può discriminare il momento dell'azione e quello dell'attesa, il momento della lotta e quello della resa, perché si saranno illuminati anche gli obiettivi inconsci, lasciando andare ciò che non può aggiungere nulla all'emancipazione e soddisfazione personale. Non a caso, il simbolo marziano è anche messo in relazione alla nobilitazione della forza fisica attraverso lo sport. Il sentimento d'unione e di superamento delle diversità, l'amore per la competizione che ha sempre presente il riconoscimento del limite, della giustizia e del merito, la capacità di rinunciare alla gloria personale se si persegue un risultato collettivo, sono strettamente collegati all'espressione più nobile del simbolo marziano, alla capacità di guardare all'avversario con rispetto e dignità, perché l'intento finale non è mai circoscritto alle soddisfazioni dell'Ego e dei suoi istinti, ma al riconoscimento che lo strumento sportivo sia soprattutto un mezzo d'elevazione dello Spirito e dell'anima. Il coraggio dell'archetipo marziano compiuto, da "cor, cordis", cuore, non è mai velleitario o inconsapevole di ciò che giace nell'inconscio, ma strettamente collegato alla presa in carico, nel bene e nel male, delle proprie azioni. Se la scelta in Astrologia Umanistica infatti è legata a Venere, pianeta femminile che orienta la scala di valori e stella polare per tracciare la rotta, Marte è l'azione diretta per conquistare la meta, è la capacità di interrogarsi per cosa e per chi si stia lottando, se per rispondere a schemi collettivi e modelli convenzionali, o per i valori personali suggeriti dallo Spirito e dal cuore.

Il viaggio marziano è quindi ben simboleggiato dalle tre sedi astrologiche del pianeta, il primo che incontriamo dopo la nascita, messa in relazione col segno dell'Ariete, che dà il via all'intero viaggio zodiacale, come la miccia dà il via al processo di combustione; è infatti Marte che spinge l'individuo ad affermare se stesso, a portare avanti la sua volontà e a difendersi quando sia messa a rischio la sua incolumità. Marte è simbolo del sangue che scorre nelle vene, della vita stessa che ci spinge in avanti e, proprio grazie al suo significato originario di "azione", assume coloriture specifiche nei tre Segni di Fuoco: è fuoco primordiale in Ariete, simbolo dell'impulso all'azione e istinto di sopravvivenza; è fuoco in pienezza in Leone, simbolo dell'azione misurata ed affinata dalla forza interiore e fuoco della rinascita in Sagittario, dove l'azione si fa prospettica e lungimirante, perché sono stati integrati il valore della rinuncia e quello dell'attesa.

Allo stesso modo, fondamentali sono le Sedi in cui Marte fa sentire la sua azione evolutiva: infatti nasce in Ariete come simbolo d'impulso irrazionale, si affina nel Segno dello Scorpione dove deve attraversare una fase di perdita e spoliazione e si compie nel Segno del Capricorno, simbolo della forza interiore raggiunta ed ultima tappa del viaggio marziano.

Dal punto di vista dell'archetipo paterno, il Sole in aspetto a Marte o nel Segno dell'Ariete dà caratteristiche ben precise.

Se il pianeta incontra il Sole con un aspetto benefico, il padre sarà stato un uomo di grande forza, non tanto fisica quanto psicologica e morale. Un uomo volitivo e coraggioso, capace di affermarsi con determinazione, ma anche cosciente del proprio potere personale e mai dimentico dei limiti dell'umana natura.

Diverso è il caso in cui Marte ferisca il Sole con un quadrato o con un'opposizione, o quando il pianeta si leghi a Saturno o Plutone.

In questo caso, c'è quasi sempre una figura paterna aggressiva, se non violenta, imprevedibile ed incapace di darsi confini. Non è esclusa anche una personalità apparentemente mite e misurata all'esterno, ma risentita dentro e pronta a sorde vendette o scoppi d'ira.

Ricordiamo che Marte non ha avuto padre, essendo nato per partenogenesi da Hera; è per questo che, paradossalmente, le sue qualità sono collegate al mondo istintuale femminile: impulsività, passionalità, impazienza e perdita di controllo.

E' quindi abbastanza frequente la figura di un padre ostile, incapace di canalizzare in forme positive la potente energia che lo pervadeva. E' evidente che per un bambino che cresce in un'atmosfera di violenza e di sopraffazione, l'infanzia si trasforma in un territorio di lotta, in cui si sperimenta soprattutto abuso, impotenza e paura. Ed è quasi inevitabile che, una volta adulto, l'individuo si dovrà confrontare con una grande quantità di rabbia che ha assorbito durante gli anni in cui avrebbe dovuto essere protetto e rassicurato, a tal punto che c'è un rischio molto alto che anche lui, come già suo padre, metta in atto forme di prevaricazione e abuso nei confronti dei propri figli.

Scrive Aldo Carotenuto in "Integrazione della personalità": "Se si è avuta un'infanzia in cui le cure parentali sono state assenti, costellata da pesanti critiche o minacce, oscurata dal terrore costante dell'abbandono o della punizione, non sorprende che ci si abitui a considerare la violenza come 'naturale' strumento di risposta a stress e a conflittualità esasperanti e che si ripetano le stesse modalità di relazione disturbate con i propri figli". [35]

Marte in aspetto dinamico al Sole può anche simboleggiare un padre con un forte potenziale interiore, bloccato però nella propria espressione, succube e remissivo perché incapace di credere in se stesso e nelle proprie capacità di conquista ed affermazione. Un uomo soggetto a fare accumuli d'energia che lo portavano o ad esplodere all'esterno con atteggiamenti di grande pericolosità, oppure a forme di autolesionismo e somatizzazione.

---

[35] A. Carotenuto, Integrazione della personalità, Bompiani, Milano 2007, pag. 109

Soprattutto se il Sole si lega sia a Marte che a Saturno, si tratta di solito di una figura paterna che, per compensare l'impressione interna di non avere potere, si mostrava duro, rigido e assertivo all'esterno, oppure - nel caso il binomio Sole Marte si leghi a Nettuno - la figura paterna appariva sempre iper controllata proprio per esorcizzare la sensazione interna di vaghezza e di difficoltà decisionale che incontrava nella scelta.

Riesaminare la propria aggressività sull'onda di ciò che è stato passato dalle figure maschili di riferimento può consentire all'individuo di conoscersi fin nelle pieghe più profonde, impedendo di incappare in situazioni estreme in cui non riconosce se stesso perché ha sempre negato e rimosso la propria aggressività, così come leggiamo ancora in "Integrazione della personalità": "E' necessario vincere l'inconscietà della nostra condizione umana che ci impedisce di guardare all'infanzia e alle ferite che ci sono state inferte, perché solo strappando alle tenebre dell'inconsapevolezza sempre nuovi frammenti di significato che il passato trattiene in sé, ci è possibile sviluppare nuove modalità di relazione con l'altro, che spieghino le luci alterne dell'odio, dell'amore, della paura e del desiderio che vanno a costituire la nostra complessità". [36]

Così come in alchimia il fuoco risultava essere la componente più importante nel processo di trasformazione dei metalli vili in oro, anche nell'Astrologia Umanistica il Fuoco di Marte arde e forgia l'anima, la tempra e la rafforza nelle prove, la incoraggia e la guida nella conquista, la purifica e sacralizza le sue scelte, fino al traguardo finale che sprigiona lo Spirito. Il viaggio marziano invita a riconoscere che solo la conoscenza completa della propria interezza può permettere all'individuo la nascita dell'*homo novus* che è vivo dentro di lui, un individuo redento, sanato e purificato e che può finalmente contattare il suo fuoco creativo, la scintilla divina che vibra dentro di lui e che aspetta soltanto di essere accesa.

"Se conosci il nemico e conosci te stesso,
Nemmeno in cento battaglie ti troverai sconfitto.
Se non conosci il nemico ma conosci te stesso,
Le tue possibilità di vittoria sono pari a quelli di sconfitta.
Se conosci né il nemico né te stesso,
Ogni battaglia significherà per te sconfitta certa". [37]

---

[36] Ibid. pag. 91
[37] Sun Tzu, L'arte della guerra, Mondatori, Milano 2010, pag. 15

EFESTO, VULCANO

Oh Efesto d'animo vigoroso, di grande forza, fuoco
instancabile, che brilli di ardenti splendori, che porti la luce,
dalle mani forti, eterno, che vivi dedito all'arte,
fabbro, parte del cosmo, elemento irreprensibile,
ascolta, beato, ti invoco affinché sempre tu venga mite
alle opere che allietano.
Metti fine alla follia rabbiosa del fuoco instancabile
conservando nei nostri corpi il calore della natura.
(Dall'Inno orfico ad Efesto)

G. Coustou, Vulcan, 1677-1746

Il mito.

Efesto, il Vulcano dei Romani, nasce per partenogenesi da Hera, così
come era avvenuto per Ares.

Sono divrse le versioni sulla sua nascita; nella più diffusa, Efesto nasce storpio e deforme e la madre, rinnegandolo come figlio, lo scaraventa giù dall'Olimpo. In un'altra versione, è il padre Zeus a ripudiarlo per la sua deformità e nella terza versione, Efesto – in occasione di una violenta lite tra i due genitori – per mettere pace tra loro, viene ripuditato da entrambi e lanciato nel vuoto. Mentre è sul punto di morire annegando nell'oceano, arrivano in suo soccorso le Nereidi Teti ed Eurinome, due ninfe marine, che lo allevano per nove anni tra monili e gioielli preziosi, facendo di lui un mirabile artigiano ed insegnandogli l'importanza della bellezza come valore primario della vita.

A lui si rivolgeranno infatti gli dei quando vorranno fregiarsi di opere straordinarie: Apollo lo incaricherà di forgiare le frecce per il suo arco, Heracle si servirà della sua corazza d'oro ed Hermes dei suoi calzari; Eros dell'arco e le frecce ed Achille dell'armatura e lo scudo, non ultimo Zeus che riconoscerà la sua arte e gli commissionerà lo scettro e i fulmini del cielo. La stessa Hera, che lo aveva rifiutato alla nascita e si era liberata di lui, dopo aver visto il bellissimo fermaglio che Efesto aveva creato per Teti, lo richiamerà sull'Olimpo e, per ottenere il suo perdono, gli regalerà una fucina in cui creare i suoi tesori e gli darà in sposa Afrodite, la più bella tra le dee.

Giulio Romano, Vulcano forgia per Teti le armi di Achille, XV sec.

L'archetipo psicologico.

L'archetipo Efesto è strettamente collegato al lavoro che si fa opera d'arte perché intriso della scintilla divina.

Per l'individuo in cui Efesto è una componente basilare e fondante della personalità non è tanto importante il lavoro di per sé, quanto ciò che il lavoro può trasmettere come opera creativa, la meraviglia e lo stupore che può infondere in chi lo guarda e lo ammira.

In Efesto vibra il fuoco sacro della creazione.

Ricordiamo che il luogo in cui lui forgiava i suoi capolavori era il vulcano dell'Etna; è lì che si ritirava non appena poteva e, nel silenzio, si faceva prendere dall'estasi creativa; non importava più nulla se non l'artigiano che era in lui e l'opera che aveva di fronte; non importavano le liti degli dei ed il loro metterlo da parte, il loro deriderlo o schernirlo, beffandosi di lui; Efesto creava e ricreava se stesso, divenendo un tutt'uno con quanto prendeva vita dalle sue abili mani.

Lo stesso accade all'individuo che s'identifica principalmente in Efesto: si tratta spesso di una persona schiva e di poche parole; un solitario che preferisce appartarsi nel suo mondo, che è soprattutto un mondo interiore.

La bellezza che rintraccia in ciò che crea, in ciò a cui si dedica senza risparmiarsi fa del lavoro efestiano un momento di catarsi e redenzione, in cui dimentica tutto ciò che lo addolora e gli crea frustrazione. Infatti, l'archetipo identifica spesso un individuo che non socializza, che tiene il mondo a distanza, che non si sente capito, né tanto meno amato. Questo perché spesso c'è stata un'infanzia di privazione o la presenza di due genitori perennemente in lotta tra loro per stabilire un primato. Ma soprattutto c'è stato il rifiuto e l'abbandono non solo del padre, così come vuole il mito, ma principalmente della madre, per una qualche imperfezione o mancanza fisica del figlio.

Nell'uomo Efesto e nei suoi rapporti con gli altri primeggia innanzitutto questa condizione, la sua "deformità" che viene giudicata e condannata, tanto da creare nell'uomo in cui Efesto sia una componente importante della personalità un "problema di madre", una ferita aperta e mai cicatrizzata che ruota attorno ad un risentimento, sordo ed incancrenito, tutto inconscio, verso chi avrebbe dovuto proteggere e soprattutto amare senza condizioni.

Scrive Murray Stein, filosofo neojunghiano nel suo "Il principio d'individuazione": "La ferita, una volta inferta, diventa un potente fattore

90

interno d'inibizione. L'Hera che rifiuta diventa un'abitatrice della psiche [...] Riguardo a quest'immagine psichica, la persona rimane piccola e infantile, mentre il complesso materno cresce a dismisura. Hera torreggia come un mostro, minacciando rifiuti e offese continui ad ogni tentativo del figlio di mostrare i propri colori creativi".[38]

L'archetipo astrologico. Il binomio Marte Luna e il rapporto con le donne.

Nella tipologia astrologica di Efesto si rintraccia spesso il binomio Sole Saturno nelle sue caratteristiche di tendenza alla solitudine operosa, ma anche il binomio Sole Plutone, Sole Urano o se il luminare sia posto in Scorpione, in Vergine, in Capricorno o nel sesto settore dell'oroscopo.

I valori Vergine, in particolar modo e quindi Sole, Luna o Ascendente in Vergine, parlano proprio della tendenza dell'uomo Efesto a chiudersi nel suo mondo dorato ed applicarsi a "creare meraviglie", dedicandosi con cura e dettaglio all'opera creativa. Se ciò non è possibile o se è più forte il bisogno dell'approvazione altrui, così come chiede Saturno, spesso ci troveremo di fronte ad un individuo scontento, che non riesce a trovare appagamento in quel che fa, riempiendosi per questo di frustrazione ed animosità.

Infatti, accanto a questi indicatori, c'è spesso la presenza del binomio Marte Luna, che di solito inclina l'uomo verso atteggiamenti aggressivi e risentiti nei confronti delle donne, fin quando non andrà alla radice delle motivazioni profonde che stanno dietro a questi atteggiamenti.

Sappiamo come la Luna in astrologia sia importante tanto quanto il Sole nello sviluppo della personalità.

Le sue simbologie di "madre", "casa", "infanzia" e, per estensione, "mondo emotivo" sono fondamentali per garantire quel senso di sicurezza ed appartenenza che l'individuo fin dalla nascita ricerca per assicurarsi quella che lo psicoanalista e pediatra inglese Donald Winnicott definiva "la base sicura".

Il bambino deve poter contare su questo senso d'appartenenza, sul filtro che la madre dovrebbe porre al mondo esterno per far sì che alcune emozioni e sensazioni non appaiano troppo forti o addirittura distruttive.

L'infanzia e come è stata condotta, i rapporti d'amore e di forza che

---

[38] M. Stein, Il principio d'individuazione, Moretti & Vitali, Bergamo 2006, pag. 95

sono stati istaurati dai genitori tra di loro e nei confronti dei figli diventeranno lo specchio di ciò che sarà l'individuo nella sua vita di uomo adulto, compresa la capacità di potersi individuare come persona autonoma, indipendente e soprattutto libera.

Oltre alla protezione e all'accudimento, fondamentali saranno il senso di fiducia e di stima che la madre dimostrerà nei confronti del figlio e delle scelte che farà, nonché la capacità di fare un passo indietro di fronte a decisioni che la scontentano.

Nell'archetipo Efesto tutto questo spesso non c'è stato.

Se è presente il binomio Marte-Luna, soprattutto negli aspetti tesi, c'è stata una figura materna che ha svalutato se non addirittura deriso le scelte del figlio, comprese le imperfezioni fisiche che mostrava. Una madre che ha imposto la sua volontà in ogni cosa, senza che il figlio potesse esercitare alcuna autonomia nelle piccole decisioni infantili.

Se poi a Marte si unisce Saturno a ferire la Luna, c'è anche un territorio di freddezza e soppressione emotiva che congela i sentimenti infantili, con la presa di distanza da ogni emozione, temuta perché giudicata distruttiva. Il bambino si chiude nel suo mondo interiore e si isola da tutto, dedicandosi a ciò che placa la frustrazione e lenisce il rifiuto che aleggia tutt'intorno.

Non voglio con questo colpevolizzare le madri. Così come ho spiegato parlando del Sole astrologico significatore del "padre", allo stesso modo ritengo che lo scambio tra madre e figlio maschio sia molto complesso e da guardare da più punti di vista. Se il figlio infatti percepisce la madre come "Marte", sarà portato ad atteggiamenti di sfida e di contrasto che finiranno per mettere alla prova la pazienza della madre e la sua capacità di tollerare emotivamente la sfida. Spesso, la madre stessa ha nel tema la presenza del binomio Marte Luna che, se da un lato rivela un grande amore nei confronti del figlio (Luna), dall'altro contiene una ghianda oscura di risentimento verso il maschile (Marte) che si può esprimere proprio attraverso atteggiamenti di rifiuto ed aggressività verso i figli maschi.

Citando Jung, scrive Liz Greene nel suo "La relazione interpersonale": "Fra tutti i fantasmi possibili che perseguitano l'uomo, gli spiriti dei genitori possiedono il significato più grande. Quando madre e padre diventano fattori interni non sono più fantasie dell'infanzia proiettate sulle persone, ma parti della psiche che ostacolano lo sviluppo". [39]

---

[39] L. Greene, Dalle conversazioni di Jung con Frances Wickes in La relazione interpersonale, Astrolabio, Roma 1989, pag. 163

A questo punto il mito di Efesto dovrebbe spingere ogni donna a sacralizzare il ruolo di madre, a comprendere di come sia importante allevare un figlio maschio nell'accoglienza, nell'amore e nel rispetto, non cedendo all'aggressività che l'esuberanza infantile suscita e scatena, perché lui possa poi estendere questi sentimenti di stima, amore e rispetto anche alle donne che incontrerà nella sua vita. Le madri dei figli maschi possono diventare per loro vere fonti di vita, non più solo fisica ma soprattutto psicologica.

Per l'uomo Efesto le donne sono importanti, rappresentano infatti un ponte di collegamento tra sé ed il resto del mondo; attraverso il loro apprezzamento, attraverso l'ammirazione per le sue opere creative, lui potrà contattare la profondità della sua anima ed i sentimenti negati di stima di sé che giacciono sepolti sul fondo.

Il binomio Marte Luna per l'uomo che voglia affrancarsi dalla violenza subita nell'infanzia è anche questo: trovare attraverso l'amore e la scoperta del femminile interno la sua radice creativa, la capacità unica e speciale di dar vita a meraviglie, la sua vocazione.

Infatti, nell'archetipo di Efesto c'è anche la redenzione: se da una parte il risentimento e l'aggressività verso il materno sono forti a tal punto da inclinare verso strategie di vendetta e follia distruttiva, dall'altra parte c'è la spinta focosa della psiche di andare verso la completezza, di scoprire il potenziale creativo del fuoco interiore, perché Marte è un pianeta di Fuoco, che può distruggere tutt'intorno nella sua parte Ombra, ma può anche far incanalare la rabbia sepolta e sedimentata in istinto creativo, l'importante è che ci sia questa predisposizione verso la bellezza, intesa come bene primario della vita dell'uomo.

L'archetipo, nella sua parte Luce, quindi, possiede tutto questo, come colto mirabilmente dall'Inno Orfico al dio dedicato: "Metti fine alla follia rabbiosa del fuoco instancabile, conservando nei nostri corpi il calore della natura".

Ricordiamo inoltre che Efesto, accanto ad una figura di madre che l'ha abbandonato, fu allevato da Teti ed Eurinome, due ninfe marine che lo iniziarono alla grazia e alla bellezza, così come potrebbe accadere all'uomo Efesto che, rifiutato e deriso dalla madre, può trovare in altre figure femminili della sua infanzia (una nonna, una zia o altre donne importanti della sua vita infantile) il riscatto da tutti quei sentimenti di inferiorità e vergogna su cui aveva dovuto costruire la sua identità.

In astrologia, questa possibilità è spesso rappresentata dal binomio Luna Venere, che può aprire ad un mondo di grazia e d'armonia; non dimentichiamo infatti che ad Efesto furono attribuite per spose nell'Iliade Carite, la Grazia e nella Teogonia di Esiodo Aglae, ancella di Afrodite, nonché la dea stessa che gli fu donata per sposa, quasi a significare di come maestria ed abilità specifiche, unite a bellezza e raffinatezza, possano creare opere meravigliose.

E' per questo che l'uomo che abbia vivo quest'archetipo dentro di sé dovrà scovare nei recessi della sua anima tutta la grazia di cui è capace, ricreando l'autostima danneggiata, credendo in se stesso e nel proprio valore, così come vuole la parte più bella di quest'archetipo divino. Sarà infatti proprio dalla ferita infantile subita che si aprirà un varco per comprendere e consapevolizzare la sofferenza. A quel punto, l'eventuale "deformità" fisica, il sentirsi sbagliato, inadeguato, è qualcosa che non appartiene a lui, è qualcosa che non lo tocca se è capace di creare opere tanto perfette, se la sua fantasia, la sua immaginazione, il suo guizzo creativo sono in grado di dare vita a qualcosa che appaga lo sguardo e i sensi tutti.

Se c'è la capacità di distanziarsi da quella ferita ed interromperne la contemplazione, si avrà anche la capacità di rinascere ed aprirsi alla vita, alla felicità e al mondo d'amore che si ha dentro.

E lo scudo che Efesto forgia per Achille racchiude il mondo:

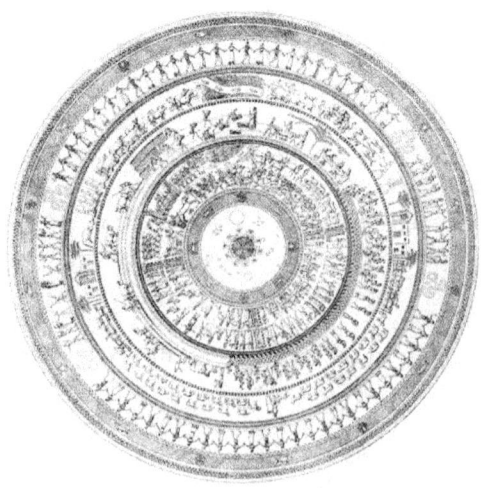

E fece per primo uno scudo grande e pesante,
ornandolo in ogni sua parte; un bordo vi pose, brillante,
triplo, scintillante, poi una tracolla d'argento.
Cinque dunque erano le parti di quello scudo, a cui
fece molti ornamenti con somma maestria.
Vi modellò la terra, il cielo e il mare,
l'infaticabile sole e la tonda luna
e tutte quante le costellazioni che incoronano il cielo,
le Pleiadi, le Iadi e la stella d'Orione
e l'Orsa, che pur Plaustro si noma;
quella si gira e riguarda Orione
dai lavacri dell'Oceano sola divisa.

Da Omero, Iliade XVIII, 478-489

L'immensità dell'universo è certamente nell'anima dell'uomo Efesto; è nella sua capacità di provare emozioni negative e nello stesso tempo sublimi, proprio grazie a quelle sensazioni profonde e sconvolgenti provate durante l'infanzia. Su quelle ferite lui costruirà la sua forza, scoprirà la sua creatività e quella inclinazione a "mettere pace" che gli riconosce il mito, perché ha trovato la pace dentro di sé. Infatti, il dio era anche onorato come "colui che mette pace": già da ragazzo si era prodigato per pacificare Zeus ed Hera, in lite tra loro, e lo stesso era accaduto durante un banchetto, in cui ancora una volta i due genitori si erano scontrati duramente.

Quando l'uomo Efesto scopre la sua Luce, perché la vita lo porterà sicuramente a scoprirla, cambierà totalmente la sua prospettiva, continuando a creare non solo per gli altri, ma per se stesso, per la propria felicità.

Scrive Aldo Carotenuto in "Integrazione della personalità": "Quanto più si sonderanno impietosamente le oscurità sconosciute dell'anima, quanto più ci si abbandonerà ai rischi di una simile impresa, tanto più si acquisirà conoscenza del proprio spessore psicologico, del proprio tratto autentico, quello per il quale saremo pure incompresi, giudicati, ma anche quello per il quale avremo dato un'impronta assolutamente unica alla terra in cui ci è stato dato di vivere". [40]

---

[40] A. Carotenuto, Integrazione della personalità, Bompiani, Milano 2007 pagg. 60-61

APOLLO, FEBO

Vieni, beato, enfita, splendidamente onorato, invocato col grido, datore di felicità,
dalla lira d'oro, che proteggi la semina e l'aratro, Pizio, Titano,
guida delle Muse, istruttore del coro, che colpisci di lontano, saettatore,
dalla chioma d'oro, che sveli sincere profezie e oracoli;
ascolta con animo benevolo me che prego per gli uomini:
perché tu vedi tutto questo etere infinito
e la terra felice di lassù, e attraverso la penombra
nella quiete della notte sotto la tenebra dagli occhi di stelle
hai scorto sotto terra le radici e possiedi i confini del cosmo tutto.
(Dall'Inno orfico ad Apollo)

Simon Vouet, Parnaso, Apollo e le Muse, particolare, 1640

Il mito.

Apollo è il dio del sole della mitologia greca. Figlio di Zeus e di Leto, fratello gemello di Artemide, fu aiutato a nascere proprio dalla sorella, dopo

96

che la madre Leto, perseguitata dalla gelosa Hera, aveva impedito che la donna trovasse accoglienza e un rifugio sicuro, costringendo Leto a rifugiarsi sull'isola di Delo per partorire i figli.

La sorella Artemide fu sempre per lui una maestra e una guida. Gli insegnò infatti a tirare con l'arco a tal punto che entrambi venivano considerati gli arcieri più infallibili, quelli che da lontano scoccavano le loro frecce per punire i colpevoli, senza che ci fosse possibilità di scampo o salvezza.

Oltre ad essere il dio del sole, Apollo era dio delle arti, della musica, della scienza e dei vaticini. Il luogo dove preferiva stare era il Parnaso, in cui s'intratteneva con le Muse e a Delfi, presso il suo santuario, la sua sacerdotessa, la Pizia, rispondeva attraverso gli oracoli alle domande dei fedeli.

Metopa raffigurante Elios che esce dal mare, IV sec. a.C.

Oltre a dare responsi sul futuro, la sacerdotessa aveva anche il potere di purificare coloro che si fossero macchiati di peccati o azioni ignobili ed è per questo che il santuario era continua meta di viaggi da ogni parte della Grecia.

Ad Apollo si rivolgevano anche i legislatori per consigli e consulti sulle leggi; il dio era infatti considerato la massima autorità in questo campo: attraverso i suoi ministri dispensava precetti e regole da seguire, invitando alla moderazione e alla tolleranza. "Conosci te stesso" era il monito che si poteva leggere sul frontone del suo tempio, insieme a molti altri precetti. Era quindi un dio solare ed ispirato, lucente così come indica l'altro suo appellativo: Febo, "il lucente", "l'illuminato", ma anche "il puro", infatti, nell'età greca più tarda, fu identificato con Elios, anch'egli dio del sole.

I suoi attributi più noti sono l'arco e la cetra. Era infatti insuperabile nel tirare con l'arco, così come la sorella Artemide, ma ancor più eccelso nell'arte del canto: "Amerò la cetra e l'arco ricurvo e rivelerò agli uomini i piani infallibili di Zeus", sono le parole che il dio pronuncia appena nato nell'Inno omerico ad Apollo.

Il dio è anche ricordato per i suoi amori sfortunati.

Si ricorda quello per Dafne, una ninfa che lo rifiutò ed invocato il padre Peneo di aiutarla a sfuggire al dio, fu trasformata in alloro, che fu da allora considerato sacro ed ornamento fisso del capo del dio.

Gian Lorenzo Bernini, Apollo e Dafne, 1622-1625

98

Si ricorda poi l'amore che Apollo provò per Leucotoe, figlia del re di Babilonia, talmente geloso da impedire alla figlia di uscire dal palazzo.

Per poterla vedere Apollo prese le sembianze della madre Eurinome e, una volta al cospetto della fanciulla, rivelò la sua divinità. Leucotoe condivise subito l'amore per il dio, ma il loro idillio terminò a causa della gelosia della ninfa Clizia, che Apollo aveva abbandonato per Leucotoe e che si vendicò rivelando tutto al padre della fanciulla. Fu così che Leucotoe fu seppellita viva in una fossa, morendo soffocata dalla terra e fu a quel punto che Apollo la tramutò in un germoglio d'incenso, per non dimenticare mai il suo profumo.

A. Boizot, Apollo e Leucotoe, 1737

Ma l'amore che lo fece maggiormente soffrire fu quello per Cassandra, la sacerdotessa figlia del re di Troia Priamo. Per farla sua, Apollo promise a Cassandra il dono della profezia. Dopo aver accettato, la principessa gli negò il suo amore, mandando su tutte le furie il dio che stabilì, per vendetta, che le profezie della giovane non sarebbero state credute.

E fu così che, quando profetizzò la fine di Troia e mise in guardia il padre e i fratelli dall'inganno del cavallo, Cassandra non fu creduta e Troia cadde nelle mani nemiche.

L'archetipo psicologico.

"Dal suo viso traluce nobiltà, i suoi grandi occhi s'impongono con la sublimità della pura contemplazione; ma intorno alle labbra sottili e forti si muove il fine tratto quasi malinconico di un sapere superiore. Anche le altre sue immagini lo caratterizzano per la maestà del contegno e del movimento, per la potenza dello sguardo, per la luminosità e libertà che si accompagna al suo apparire. Nei tratti del suo viso, forza virile e chiarezza si uniscono allo splendore della sublimità". [41]

Così scrive della statua del dio Apollo ad Olimpia lo storico delle religioni Walter Otto, fornendo subito una chiave di lettura ben precisa di questo archetipo psicologico: la sublimità. Apollo è il dio greco della perfezione, della purezza, di ciò che è incontaminato, del sublime.

Gli uomini lo consideravano secondo solo a Zeus e gli si rivolgevano nel momento della scelta, tenendo sempre presenti i suoi precetti immortali.

Eccone alcuni, incisi sul suo tempio:

> *Piega lo spirito, rispetta il limite*
> *Detesta l'hubris*
> *Tieni un linguaggio riverente*
> *Temi l'autorità*
> *Inchinati davanti al divino*
> *La gloria non sta nella forza.*
> *Tieni le donne sottomesse.*

I suoi precetti puntavano quindi ad uno stato di grazia in cui le passioni dovevano essere dominate e tutto doveva svolgersi con distacco e moderazione.

Possiamo quindi dire che l'archetipo Apollo predilige la razionalità al sentimento, la logica del pensiero al coinvolgimento emotivo.

L'infallibilità del dio nel tirare le frecce è simbolo della lungimiranza dell'archetipo, della capacità di pre-vedere il futuro, di soppesare perfettamente le varie possibilità per arrivare ad una meta certa e quindi raggiungerla grazie alla ferrea volontà e al senso del divenire delle cose.

L'archetipo dello Spirito è vivo e vibrante nell'uomo Apollo: lui "sente" il futuro, lo vede ancor prima di toccarlo con mano; il futuro lo chiama per

---

[41] W. Otto, Gli dei della Grecia, Adelphi Edizioni, Milano 2016, pag. 69

orientare le scelte, che difficilmente saranno sbagliate.

L'abilità con l'arco era una qualità anche della sorella Artemide. Qui di seguito riporto un passo dal mio libro "Arianna e le Altre", sugli archetipi mitici femminili, in cui si approfondisce il valore e il significato psicologico del "tirare con l'arco", in particolar modo nella tradizione giapponese:

"Una qualità specifica della dea Artemide era la sua capacità di tirare con l'arco senza mai sbagliare la mira.

A questo proposito, può essere utile introdurre il valore dell'arco nella tradizione giapponese, dove il *Kyudo* fa di quest'arte molto di più di una disciplina sportiva; inserito nelle arti marziali, il tiro con l'arco diventa una ricerca di consapevolezza, una dimensione psichica capace di riunire forze interne duali che trovano un punto d'incontro nel centro interiore, prima ancora che nel centro del bersaglio.

La pratica del tiro con l'arco faceva parte di tutte quelle discipline votate ad ottenere la massima concentrazione che propone in generale la tradizione orientale ed in particolare la filosofia Zen: l'arte dei giardini, la calligrafia, la cerimonia del tè, l'ikebana, il tiro con l'arco, sono pratiche meditative capaci di coltivare lo Spirito interiore, che si rivela all'esterno attraverso la forma, la bellezza e l'armonia.

In sostanza, il tiro con l'arco incarna in maniera perfetta quello che la filosofia Zen persegue, perché, se pur tradizionalmente derivante dalla "via del guerriero" (*Bushido*), fa della meditazione e della conquista del controllo mentale la sua massima espressione, attraverso l'aspirazione ad uno stato di distacco, che non è mai indifferenza o soppressione emotiva, ma viva partecipazione.

Il termine "Meditazione" deriva dal termine latino *meditatio*, che indica l'azione stessa di meditare, riflettere, pensare. La radice del termine è collegata a *medius*, che è in mezzo, al centro, centrale, a cui s'aggiunge *fidius* che deriva dall'espressione "*me Dius fidius*", messa in analogia ad un qualcosa che, proprio perché legato al Divino, si fa certo, infallibile. Si tratta quindi di un'azione che si fa giusta proprio perché è stata ben ponderata, è stata meditata.

In tal modo "meditare" non significa "non fare niente", ma "agire centrato", o agire in piena coscienza. I taoisti parlano di *Wuwei* che si può tradurre come "non-intervento" o "non-ingerenza", è l' "agire cercando di non intervenire". Infatti, quando l'arco è stretto nella mano, la corda è tesa, gli occhi al bersaglio e l'intenzione si concentra sul centro, il *Wuwei,* lo scoccare la freccia, diventa il "non-intervento" se non nel rilasciare la tensione del corpo e, sotto la guida del soffio (*Qi*) e dell'intenzione (*Yi*), la freccia raggiunge il centro (*Zhong*) del bersaglio (*Dong*). E' l' "agire senza intervenire" (*Wei Wuwei*)."

Ma ciò che guida la mente non è mai l'antagonismo o la brama di vittoria, né la maestria o la conoscenza della tecnica, quanto il raggiungimento del perfetto equilibrio tra corpo, mente e anima, tra razionale e irrazionale, tra materiale e spirituale. L'arco e l'arciere diventano una cosa sola: mente, corpo ed anima sono allineati a tal punto da diventare il bersaglio stesso, prima che la freccia faccia centro.

La fondamentale differenza tra il tiro con l'arco occidentale e quello orientale è quindi tutta impostata sul fine da raggiungere che è essenzialmente spirituale ed etico: sbagliare un tiro non è un fallimento, perché non c'è un Ego da sfamare, è solo un'opportunità di miglioramento non solo della disciplina esterna, ma della propria maturazione, della propria integrità, della propria individuazione.

L'arco giapponese si distingue da qualsiasi altro arco non solo per il fine della disciplina ma anche per le dimensioni; è lungo circa m. 2,20 ed ha una curvatura asimmetrica. Leggiamo cosa scrive il maestro d'arco Nyosekan Hasegawa ne "La bellezza della cerimonia": "Mi chiedo da dove sia derivata la bellezza dell'arco. Nessun altro arco al mondo possiede sinuosità eleganti come quelle dell'arco giapponese. La curva di molti archi nel mondo ha una forma semicircolare ordinaria, con l'impugnatura al centro, mentre l'arco giapponese ha l'impugnatura posta asimmetricamente a circa un terzo della sua lunghezza totale, che lo divide in due distinte curve, entrambe formanti una continua elasticità di potenza, distribuita per l'intero arco, al fine di creare una perfetta condizione d'equilibrio. La curva sotto l'impugnatura viene considerata maschile e di qualità dinamica, mentre la curva superiore dell'arco, vicino alla punta, viene considerata femminile, delicata come la figura di un'elegante principessa".

Maschile e femminile, Yang e Yin, Animus e Anima, Sole e Luna s'incontrano nell'equilibrio perfetto espresso dall'arco, ne forgiano la bellezza, l'armonia e il mistero; come tutte le pratiche meditative orientali, spesso ridicolizzate dal mondo occidentale, sono il modo più immediato per esprimere la Verità, per passare dall'apparenza alla sostanza, dalla sovrastruttura alla struttura. Fondamentale in queste discipline è la tensione a ricomporre gli opposti, la tematica cardine della filosofia junghiana; è la consapevolezza distinta del valore dell'essere maschile e di quello dell'essere femminile; dell'essere attivo e dell'essere ricettivo e della capacità di mantenerli costantemente in equilibrio attraverso la tensione dell'energia libidica, riconoscendone l'importanza individuale, specifica e peculiare dell'uno e dell'altro, nonché l'occasione di servirsi dell'uno o dell'altro nell'esperienza di vita". [42]

"L'agire senza intervenire" del *Wei Wuwei* orientale si può ritrovare anche nelle parole di Roberto Assagioli quando descrive il distacco emotivo: "Occorre intendere bene il senso del distacco: non è né repressione né condanna, né passività, né rinuncia, né insensibilità. E' uno stato di piena vigilanza, consapevolezza, superiorità che – si noti – ha il doppio vantaggio di dare il dominio tanto del mondo interno quanto di quello esterno. Ma la distinzione tra mondo esterno e mondo interno è relativa: il mondo esterno non può toccarci se non diviene interno, cioè un fatto o uno stato di coscienza. La lotta è *dentro di noi*: qui è il campo di battaglia, anche quando la lotta viene proiettata all'esterno". [43]

E siamo all'apollineo distacco che bisognerebbe raggiungere: ricordiamo che, ogni inverno fino alla primavera successiva, il dio si ritirava in Licia, lì dove il mito colloca il favoloso regno degli Iperborei, un popolo che non conosceva malattie né vecchiaia, un popolo che non sapeva cosa fosse la fatica o la guerra. Fu lì che si recò col suo carro trainato da cigni non appena nato e fu lì che continuava a tornare una volta l'anno e per diversi mesi.

Questa "fuga" apollinea in una dimensione "altra" d'olimpica distanza è tipica dell'archetipo e dell'uomo che sente la necessità di isolarsi quando raggiunge una certa dose di carica emotiva che disturba il suo Spirito. Il bisogno di distanza si unisce non tanto all'incapacità di gestire la potenza di alcune emozioni, quanto al desiderio di non farsi toccare da ciò che viene giudicato "di poco conto"; non vale la pena perdere tempo ed energia su cose che proprio non lo coinvolgono: per l'uomo Apollo nulla è più importante della propria tranquillità interiore.

Infatti, mentre per l'archetipo Poseidone la fuga è un ripiegarsi dentro

[42] F. Piombo, Arianna e le Altre, Lulu Edizioni, 2015 pagg. 65-67
[43] R. Assagioli, Psicosintesi, Astrolabio, Roma 1993, pag. 93

di sé per elaborare e rimuginare sul tormento di certe emozioni, per l'archetipo Apollo è la ricerca di una dimensione di pace e serenità in cui rigenerarsi, spesso al contatto della natura, dell'arte e della musica.

In fondo, se Poseidone era un dio furioso e solo in certi momenti calmo e pacificatore, se era un dio che provocava le liti e si tuffava nello scontro, Apollo non abbandonava mai il suo atteggiamento di misura, il suo bisogno di recuperare ed occupare sempre una dimensione neutra di equilibrio e olimpicità.

La musica apollinea era dolce e soave, chiara e pura; la ritroveremo più avanti in Orfeo, suo sacerdote, lontanissima dal frastuono e dal caos che caratterizzava la musica dionisiaca.

Scrive Walter Otto nell'opera citata: "Nella musica di Apollo risuona una conoscenza divina. Essa intuisce e coglie la forma in tutto. Il caotico deve formarsi, il turbolento trapassare nella simmetria del ritmo, il discorde conciliarsi nell'armonia, facendosi così questa musica grande educatrice, origine e simbolo d'ogni ordine nel mondo e nella vita degli uomini. L'Apollo musico è identico al fondatore delle norme, il conoscitore del giusto, del necessario e del futuro". [44]

A. Appiani, Parnaso, 1811

E' chiaro che il rischio più frequente a cui espone l'archetipo, è la trasformazione del distacco in aridità emotiva, l'olimpicità dell'atteggiamento

---

[44] W. Otto, Gli dei della Grecia, Adelphi Edizioni, Milano 2016, pag. 83

in negazione e rimozione di tutte quelle emozioni che si giudicano inferiori. Non un vero distacco, quindi, perché si rimane centrati e saldi nella propria identità soltanto perché timorosi di scalfire una corazza esterna che protegge dalla sofferenza e dal giudizio. L'Ombra più scura dell'archetipo è l'indifferenza, l'incapacità di empatizzare, di mettersi nei panni degli altri, uscendo da un Io narcisista iper-controllato.

Ciò mette anche l'uomo in una condizione di lontananza dal mondo femminile, a tal punto che, se da una parte l'uomo Apollo ammira nella donna la bellezza e l'armonia delle forme, l'intelligenza e l'amabilità, mantiene comunque nei suoi confronti un atteggiamento di "cordiale distanza", di mancanza di passione e scarsa partecipazione emotiva.

La sfortuna con le donne che ricorda il mito poggia certamente su uno dei precetti più noti del suo tempio a Delfi: "tieni le donne sottomesse", che lascia intuire nell'archetipo anche una certa dose di maschilismo ed antagonismo col femminile, anche se inconscia e celata dalla più amabile cordialità.

L'archetipo astrologico.

In archeologia l'archetipo Apollo può essere collegato al binomio Sole Venere, ma anche al Sole posto sull'asse Leone/Acquario, al Sole in Bilancia o quando sia in aspetto a Urano.

Ricordiamo che il Sole congiunto a Venere (unico aspetto astrologico oltre al semiquadrato che può intercorrere tra i due) è un binomio che predispone all'amore per il bello, per la simmetria delle forme, per l'armonia.

Sole Venere esprime a perfezione la ricerca dell'equilibrio e della perfezione che troviamo nell'archetipo apollineo, quel bisogno di stare a contatto con la bellezza e con l'armonia, quella ricerca quasi ossessiva dell'equilibrio e dell'estetica perfetta. Queste sono le caratteristiche principali del Sole in Bilancia o congiunto a Venere, mentre lo sguardo al futuro e la capacità di visione sono tipiche del Sole Urano.

Dal punto di vista della figura paterna, soprattutto se il Sole è in Acquario o si lega ad Urano, si tratta di solito di un uomo in contatto con "l'aria dei tempi", capace di anticipare eventi futuri, a tal punto che quando anche il resto dell'umanità giunge alle sue conclusioni, lui è già oltre.

Un'altra caratteristica che potrebbe essere stata tipica del padre è la tendenza, tutta apollinea, ad avere da qualche parte un "Paese degli Iperborei" in cui recarsi di tanto in tanto; questo "altrove" che può avere varie motivazioni, come il lavoro, o ciò in cui l'uomo è impegnato, queste assenze che sono particolarmente destabilizzanti per un figlio, soprattutto se maschio, in realtà nascondono una fuga da stati emotivi difficili da elaborare, da situazioni troppo complicate, per essere gestite senza l'impegno di un'adeguata partecipazione emotiva.

L'Acquario vuole restare ragionevole, ha orrore dei sentimenti estremi, della passionalità. Ciò non toglie che la sua parte Ombra possa essere molto risentita e non lontana dall'aggressività. Ricordiamo che il mito riporta la triste storia del sileno Marsia che aveva sfidato Apollo in una gara di musica e da lui era stato scuoiato senza pietà per averla persa.

La superbia e lo spirito vendicativo non riconosciuti possono essere le parti Ombra più ostinate dell'uomo Apollo, quando dimentica il suo progetto superiore che lo vuole "portatore d'acqua" e quindi fonte d'illuminazione per tutta l'umanità.

L'individuo che abbia ereditato un tale archetipo divino dovrà spesso lavorare durante la sua vita a "scendere dall'Olimpo e farsi umano", rendendosi vulnerabile; dovrà lasciare il mondo degli Iperborei e la sua torre d'avorio per toccare la terra e tutto ciò che è fallibile e finito. Dovrà aprirsi ai sentimenti contrastanti e conoscerne l'energia, perché solo a quel punto, dopo aver attraversato le acque tempestose delle sue contraddizioni e dei suoi paradossi, potrà dirsi completo, potrà dire di "conoscere se stesso".

Se resterà confinato nei suoi schemi, nelle sue leggi divine che non accettano deroghe, nella sua mania di bellezza e di perfezione, il rischio più grande a cui potrà andare incontro sarà la freddezza interiore, il gelo dell'anima e quindi l'insensibilità, la mancanza d'empatia, fino al narcisismo più estremo.

Scrive Aldo Carotenuto nel citato "Integrazione della Personalità: "L'impossibilità ad esternare tutta una gamma di sentimenti, quali l'ira, la gelosia, la paura dell'abbandono, e il continuo mettere a tacere le proprie intime esigenze, distorcono notevolmente lo sviluppo della personalità, dando vita a quei disturbi narcisistici legati all'organizzazione di un falso Sé".[45]

In questo lo potrà aiutare l'incontro con i valori Leone, Segno che distingue l'archetipo una volta compiuto.

Il Leone, Segno del Sole, una volta abbia risolto la tendenza

---

[45] A. Carotenuto, Integrazione della personalità, Bompiani, Milano 2007, pag. 128

all'egocentrismo e al protagonismo, una volta che abbia rinunciato ad ideali troppo elevati restando con i piedi per terra, è il principio di *Logos* che si è unito all'*Eros*, perché non ha disdegnato i sentimenti più appassionati, non ha temuto la vulnerabilità a cui espone l'intimità, pur mai abbandonando l'equilibrio e la ragionevolezza, il distacco e la misura.

Penso che non a caso Jung fosse del Leone, con Ascendente in Acquario: è grazie al suo archetipo leonino che lo spingeva verso la definizione del concetto d'identità, verso la verità da ricercare innanzitutto in se stessi, che abbiamo potuto godere delle sue intuizioni ed anticipazioni sul "Processo d'individuazione", sulla possibilità che ogni uomo possa compiersi, esprimendo se stesso e il suo essere unico e speciale.

Prometeo e il furto del fuoco.

> *"Essi avevano occhi e non vedevano,*
> *avevano orecchie e non udivano,*
> *somigliavano a immagini di sogno,*
> *perduravano un tempo lungo e vago e confuso,*
> *ignoravano le case di mattoni e*
> *le opere del regno.*
> *[...] finché indicai come si conoscono il sorgere e il calare degli astri*
> *e infine per loro scoprii il numero, la prima conoscenza,*
> *e i segni scritti come si compongono,*
> *la memoria di tutto, che è la madre operosa*
> *del coro delle Muse".*
>
> *(Eschilo, Prometeo incatenato)*

Simbolicamente potremmo avvicinare l'archetipo Apollo al personaggio di Prometeo, il Titano che sfidò Zeus rubandogli il fuoco.

Prometeo era nato da Giapeto, figlio di Urano e da Gea, era quindi per metà dio e per metà uomo.

A lui viene attribuita la creazione del genere umano, ma lo si ricorda in particolare per il fuoco sacro che lui rubò agli dei per donarlo agli uomini.

Questo atto gli sarebbe costato una terribile punizione: fatto legare da Zeus ad una rupe, sarà visitato ogni giorno da un'aquila che gli divorerà il fegato; un supplizio senza fine perché il fegato durante la notte ricrescerà per essere nuovamente divorato dall'aquila il giorno dopo. Lo libererà Chirone, quando – per ottenere lui stesso la liberazione dalla sua ferita inguaribile – rinuncerà all'immortalità, donandola a Prometeo.

Il mito di Prometeo è strettamente congiunto alla simbologia dell'Acquario e del suo pianeta Urano. Sono due archetipi definiti spesso "di rottura" perché preposti a visualizzare ciò che l'umanità non è ancora pronta a recepire ed accogliere, finendo così per far apparire quanti hanno i due archetipi dominanti nel loro tema natale degli anticonformisti, ma anche dei rivoluzionari e perfino dei pericolosi anarchici.

In realtà i due archetipi sono preposti proprio a questo: a rompere gli schemi mentali che si son fatti troppo rigidi ed aprire a nuove soluzioni, a nuovi e più ampi orizzonti. Il fuoco prometeico è un fuoco sacro, quello che permette la nascita della consapevolezza del sé e che porta all'individuazione e Urano è il pianeta dell'individuazione.

Scrive del fuoco prometeico il filosofo svizzero Richard Tarnas nel suo "Prometheus the Awakener"("Prometeo, il Risvegliatore"): "(Il fuoco di Prometeo) è la scintilla creativa, il progresso culturale e tecnologico, l'accrescimento dell'autonomia umana, il dono liberatorio del cielo, l'illuminazione improvvisa, il risveglio intellettuale e spirituale". [46]

In questo, Apollo, Prometeo ed Urano, chiamato in astrologia "il grande risvegliatore", si equivalgono: tutti e tre formano una triade in cui non lavora tanto l'intuizione quanto la pre-visione, la capacità di anticipare ciò che può ampliare la conoscenza delle cose; il fuoco di cui si parla è un fuoco solare, un fuoco divino che illumina e rende chiara la visione, quella del potenziale umano, delle capacità che ci sono nell'uomo di crescere, di farsi consapevole, di migliorare se stesso e toccare il Divino.

Lo spirito prometeico che c'è in ogni individuo aspira a qualcosa di perfetto. Ricordiamo come nel mito Urano fosse disgustato dai figli che generava perché mostruosi, a tal punto da costringerli a rimanere sepolti nelle viscere della terra. Allo stesso modo, l'aspirazione alla perfezione è propria dell'uomo, tutto teso a creare qualcosa che possa renderlo migliore di com'è, qualcosa che possa renderlo libero e creativo, ma soprattutto qualcosa che lo renda eterno.

E' grazie a questo spirito che non si arrende nemmeno quando subisce un'ingiustizia, che lotta e si impegna per raggiungere le proprie mete, che si genera il progresso, di cui l'individuazione è un frutto divino.

L'importante è conservare il senso del limite.

Infatti, tanto quanto sfugge all'uomo Apollo che la perfezione si può trovare solo nell'imperfezione, tanto quanto sfugge all'Acquario e all'Uraniano che la realtà è lontanissima dall'ideale di vita, che la distanza emotiva e l'indifferenza, il ritrarsi dalle questioni che impegnano il cuore fanno perdere umanità, fanno perdere proprio quella capacità di condivisione e partecipazione agli altri che, a parole, lui è pronto a difendere e professare.

Il "furto del fuoco" ha un prezzo solo se si dimentica questo.

---

[46] R. Tarnas, Prometheus the Awekener, Auriel Press, Oxford 1993, pag. 12

Atlante e Prometeo, Kylix da Cerveteri, 560-550 a.C.

DIONISO, BACCO

Invoco Dioniso dagli alti clamori, che grida Evoé,
Protogono, dalla duplice natura,
generato tre volte, signore Bacchico,
selvaggio, indicibile, arcano, con due corna, due forme,
coperto di edera, dall'aspetto di toro, marziale, Evio, santo,
che mangia carne cruda, Trieterico,
che produce grappoli, dal manto di germogli.
Ascolta, beato, la voce, spira dolce e irreprensibile
con cuore benigno, insieme alle nutrici dalla bella cintura.
(Dall'Inno orfico a Dioniso)

Dioniso, Vaso di Cleofrade, 500-490 a.C.

Il mito.

Il mito della nascita di Dioniso, il "nato due volte", ha più versioni, di cui la più diffusa narra di come sua madre, la principessa Semele, dopo essere stata amata da Zeus ed ingannata dalla gelosa Hera, fosse stata dal dio stesso incenerita, perché impreparata a sopportare la vista della folgore divina. A quel punto Zeus, impietositosi e soprattutto per permettere al bambino che Semele aveva in grembo di nascere nonostante la fine della madre, lo aveva cucito all'interno della sua coscia come se fosse un'incubatrice, consentendo così a Dioniso di venire alla luce, quando fosse arrivato il giusto tempo. Una volta nato, il piccolo era stato allontanato per sfuggire alla vendetta di Hera ed allevato sui monti dell'Arcadia da alcune ninfe, crescendo a contatto col centauro Sileno che gli aveva insegnato l'arte del vino, ma soprattutto era stato introdotto alla sensibilità del mondo femminile, affinando il carattere e crescendo in un'atmosfera di grazia e sensibilità, a tal punto da essere definito da Euripide *Gynnis* "dalle forme di donna".

Alla sensibilità e alla dolcezza tipicamente femminili, in Dioniso si affiancavano così doti di grande virilità e coraggio, che il dio ebbe modo di mostrare durante le battute di caccia e le molte campagne belliche che costellano il suo mito. Infatti, una volta adulto, Dioniso aveva iniziato una vita errabonda alla ricerca di nuove avventure in cui cimentarsi come valente guerriero, costantemente contornato da Satiri e Baccanti, con i quali condivideva quegli eccessi che avrebbero poi caratterizzato l'ossatura del suo mito. I racconti che ce ne fanno gli storici infatti, riportano episodi in cui lui sfidava costantemente l'ordine costituito per portare un impulso nuovo lì dove vigevano regole rigide e precostituite, dove imperava un allineamento a valori e consuetudini patriarcali che il *modus vivendi* del dio minava alla base, instillando smanie di trasgressione, lì dove l'ordine costituito si stava facendo asfissiante.

Così fu quando giunge a Tebe dal cugino Penteo, il re della città.

Dioniso si presenta a lui travestito da sacerdote e accompagnato da Satiri e Baccanti, che si abbandonano al frastuono più assoluto. Penteo è infastidito dal caos portato dagli stranieri, soprattutto per l'influenza che Dioniso mostra di avere sulle donne tebane: rese folli dal dio, lo seguono sui monti vicini, abbandonando le loro case e la famiglia, totalmente possedute da questo spirito innovativo, che il dio infonde nelle loro menti e nei loro cuori.

Penteo, dopo aver fatto imprigionare Dioniso, ordina una spedizione per riportare le donne tebane nelle loro case. Ma queste, che vivevano in una condizione di totale beatitudine, nell'armonia e nell'abbraccio della natura, si ribellano e si difendono a tal punto da mettere in fuga i soldati di Penteo.

Dioniso, dal canto suo, si libera, fa incendiare il palazzo di Penteo e rende folli lui e la madre Agave, a tal punto che questa fa uccidere il figlio perchè lo scambia per un leone.

Questo passaggio del mito dionisiaco è certamente significativo dello scontro tra la parte più libera della mente che tende ad aprirsi al nuovo per facilitare la propria evoluzione e quella più rigida ed inflessibile, tutta concentrata sulla conservazione di ciò che è stato tramandato ed acquisito attraverso il tempo e che non prevede di essere cambiato o messo in discussione.

L'archetipo psicologico.

L'archetipo dionisiaco è quello più ricco di significati nel mondo della psicologia mitica, con simbologie spesso contrastanti ed in conflitto tra loro.

Infatti, se Apollo identifica la componente armoniosa e ragionevole della personalità, Dioniso esprime quella istintiva, irrazionale e passionale, ma che può farsi allo stesso tempo dolce ed estatica, poetica e mistica.

Non dimentichiamo come la danza, il canto e la musica accompagnassero tutti i riti a lui collegati, secondo quella comunione di Spirito e corpo che inonda l'anima, quando si abbandoni e si lasci avvolgere dalle onde della musica.

Affresco etrusco, 480 a. C., Tarquinia

Dioniso, che Omero definisce "forsennato", è quindi il "dio dell'ossessione", della spinta ad immergersi senza paura in ogni esperienza di vita che, tanto più è estrema, quanto più è ricercata, ma è anche il simbolo dell'estasi amorosa, della più intima condivisione.

Tanto quanto il suo archetipo è il collegato alla gioia, allo stupore e all'estasi d'amore, tanto quanto in lui è racchiuso tutto lo strazio dell'annichilimento, della disperazione e della morte. Il chiasso assordante delle sue danze, le grida delle menadi al suo seguito si ribaltano in un attimo nel silenzio più totale, nell'immobilità più assoluta, perché gli opposti in Dioniso si esaltano e s'inseguono all'infinito.

Scrive Walter Otto nel suo "Gli dèi della Grecia": "Istinti elementari, frenesie, dissolvimenti della coscienza nello sconfinato assalgono tempestosamente i suoi adoratori e, agli estasiati, si schiudono i tesori del regno terreno. [...]. Amore e selvaggia ebbrezza, gelidi brividi e beatitudini si tengono per mano e gli fan corteo". [47]

Non a caso, Pausania e Plutarco lo chiamano "il notturno" ed Eraclito si spinge ancor più in là perché lo identifica con Ade, il dio dell'oscurità e della morte.

Questo perché, tra tutti gli archetipi mitici psicologici è quello in cui maggiormente si rivelano gli opposti, il cui superamento permette all'energia psichica che si sprigiona grazie al loro contatto di andare oltre la sofferenza di quella rivelazione per giungere ad una nuova sintesi, uno stadio di mezzo dell'essere che risulta così totalmente trasformato e rigenerato. Non a caso Dioniso veniva anche chiamato "l'indiviso", proprio per mettere l'accento sulla sua doppia natura, maschile e femminile, fuse mirabilmente insieme in un tutt'uno onnicomprensivo.

Non solo dio della gioia e dell'estasi pura quindi, così come della disperazione e della morte, ma anche dio della guarigione e della resurrezione.

Infatti, è ricordato per aver subito tutta una serie di trasformazioni che lo vedevano passare dalla morte alla vita, per poi morire ancora e un'altra volta rivivere, quasi a simboleggiare il passaggio iniziatico obbligato che dovrà affrontare l'individuo per arrivare all'unità psichica, passando dallo stato cosciente a quello inconscio dell'essere, per poi ritornare alla coscienza ormai fecondata. Un traguardo che potremmo definire mistico, dove si

---

[47] W. Otto, Gli dèi della Grecia, Adelphi Edizioni, Milano 2016, pag. 159

raggiunge la comunione tra l'Io e il Sé, in uno stadio di completezza finale che Jung definiva "il farsi totale dell'uomo psichico".

Ricordiamo infatti che tra le molte versioni collegate alla sua nascita, in quella che lo vede nascere da Zeus e Persefone e che ritroviamo negli Inni Orfici, si racconta come da bambino fu attirato dai Titani che, per ostacolare il potere di Zeus, lo rapirono, lo fecero a pezzi e lo divorarono ad eccezione del cuore; fu allora che Athena, interrompendo lo scempio di quel corpo straziato, ne prese il cuore, lo rinchiuse in una teca e lo portò a Zeus che rigenerò il figlio nel corpo di Semele, perché voleva farne l'unico erede del suo regno.

Nell'archetipo dionisiaco c'è quindi questo passaggio che va dallo "smembramento" alla rinascita, dalla vita alla morte per poi tornare alla vita, in un tutt'uno in cui un opposto non può prescindere dall'altro perché, per giustificare se stesso e la sua esistenza, ha imperiosamente bisogno dell'altro.

Il tema dello "smembramento".

Il tema dello "smembramento", così diffuso nella mitologia dei popoli antichi, dal mito egizio di Osiride fino a quello cristiano, è collegato non solo all'incontro tra gli opposti psichici e quindi alla tensione che si genera tra due bisogni contrari ed ugualmente indispensabili a ciò che si considera vitale per sé, ma anche alla necessità di spezzettare la propria identità per analizzarla fin nel profondo e riappropriarsi dell'energia di quelle parti che sono state negate e che giace inutilizzata sul fondo dell'inconscio.

Analogamente, la tematica potrebbe trovare un ulteriore passaggio nel mito greco di Procuste, il leggendario personaggio che sostava davanti alle porte di Atene ed obbligava chi volesse entrare nella città divina, simbolo degli ideali collettivi, a stendersi sul suo letto per testare se fosse degno o meno di entrare tra coloro che erano considerati gli eletti della comunità ateniese. Procuste ne misurava la lunghezza, allungando le membra se risultavano corte ed accorciandole senza pietà se superavano le dimensioni del magico letto.

È il chiaro riferimento al fatto che per sentirsi adeguato alle richieste del collettivo di una società ideale, giudicata perfetta ed uniformata a certe convenzioni, l'individuo potrà essere costretto a rinunciare a molto della propria autenticità, della propria spontaneità ed energia vitale e a modellarsi su quelli che sono le imposizioni del sentire collettivo. Qualsiasi cosa della propria essenza appaia inaccettabile agli occhi degli altri o troppo diversa o avulsa dai modi di comportamento scelti dalla massa, che fanno sentire "normali", verrà smembrata e sacrificata sul letto di Procuste, per non passare attraverso la vergogna, il rifiuto e l'emarginazione.

Nelle donne, questa "mutilazione" potrebbe riguardare la non accettazione della propria femminilità che verrà vista come un peso, una limitazione all'espressione di sé o quanto meno un impedimento a raggiungere quei riconoscimenti che sono riservati da sempre al mondo maschile e negli uomini potrebbe comportare la non accettazione della propria sensibilità, del proprio mondo emotivo, sempre visto con sospetto e diffidenza perché è pensiero comune che le emozioni e l'espressione dei sentimenti non siano appropriati alla natura razionale e controllata dell'uomo.

Teseo e Procuste, calice attico a figure rosse, 455 a.C.

Il tema dello smembramento è parte sostanziale del mito di Dioniso ed Orfeo.

Il primo fu smembrato quand'era ancora piccolo dai Titani che, per punirlo di aver rubato loro uno specchio, lo avevano fatto a pezzi e se ne erano cibati e il secondo non subì sorte diversa perché fu smembrato da alcune Baccanti che, in un eccesso parossistico di follia e gelosia, dilaniarono il corpo di Orfeo e ne gettarono la testa in un fiume.

Si tratta di un messaggio ad impatto simbolico molto potente, un percorso iniziatico che mette l'accento sul cammino psicologico obbligato di frammentazione che dovrà affrontare l'individuo che si sia identificato in quest'archetipo, per cui dall'*Uno* si approda al *Molteplice* per poi ritornare all'*Uno* e quindi al ricongiungimento con la propria totalità. Uno stadio conclusivo della coscienza, dove non c'è più separazione, ma comunione tra maschile e femminile, tra sopra e sotto, tra dentro e fuori, tra conscio e inconscio, tra macrocosmo e microcosmo, tra Creatore e creatura.

Appare significativa a questo punto l'intuizione dell'analista junghiana J. S. Bolen che, nel suo Libro "Gli dei dentro l'uomo", usa il termine "ri-membrare" non solo per indicare la "ricomposizione di uno smembramento" e quindi il riappropriarsi dell'unità interna attraverso la riconciliazione degli opposti psichici, ma anche l'atto stesso del ricordo della propria storia personale, a partire dagli inizi e cioè dall'infanzia. Torno infatti a mettere l'accento sull'importanza di come si sia strutturata la vita infantile per quella che poi risulterà essere la vita adulta.

Ma che sia stato proprio Teseo, eroe dell'Attica, a sconfiggere Procuste, infliggendogli la stessa pena a cui lui sottoponeva gli sventurati che volevano entrare ad Atene, è il simbolo della difesa coraggiosa dei valori personali che l'individuo non avrà timore di fare, una volta che abbia riconosciuto la propria unicità e l'importanza del suo contributo specifico da dare al mondo.

Si può comprendere quindi quanto sia indispensabile alla coscienza dell'uomo ma anche della donna l'esperienza della dimensione "Dioniso" che può permettere all'individuo di conoscere la Verità, di rientrare in contatto con la propria autenticità e, proprio per questo, unicità. Non a caso, il dio veniva anche venerato come "il dio della Verità" tanto che, nel Vaso François di Firenze (570 a.C.), a lui è riservato il privilegio della frontalità. Il suo messaggio appariva sempre diretto e chiaro, come a voler significare che solo dopo essere passato attraverso il contatto col duale, l'individuo potrà risolvere anche i conflitti interiori e finalmente scegliere con coraggio ciò che desidera realizzare.

D'altra parte, se si va alle origini del mito, Apollo e Dioniso non erano divinità contrapposte tra loro, ma complementari: erano infatti venerati come divinità fondamentali da accogliere ed onorare, perché archetipi entrambi indispensabili all'uomo per raggiungere l'equilibrio interiore.

Apollo, dio del sole e simbolo del pensiero lineare, insegnava il distacco dalle passioni e la tensione alla chiarezza mentale, Dioniso, emotivo e carnale insegnava il contatto con il corpo, con l'impulso e l'istinto più vitale; due dimensioni che per gli antichi greci non potevano prescindere l'una dall'altra, tanto che la tomba di Dioniso si trovava nel santuario dedicato ad Apollo a Delfi, dove entrambi gli dei erano venerati con pari dignità, il primo durante i mesi invernali e il secondo per il resto dell'anno.

Complementari i due dei quindi, così come sottolinea Friedrich Wilhelm Nietzsche in "La nascita della tragedia greca": "Per poter vivere, i Greci dovettero, per la più profonda necessità, creare questi dei: il loro avvento dobbiamo senz'altro rappresentarcelo così, che dall'originario titanico ordinamento divino del terrore attraverso quell'impulso apollineo alla bellezza si sviluppò, in lenti passaggi, l'olimpico ordinamento divino della gioia, nello stesso modo in cui le rose sbocciano da uno spineto". [48]

Al dio Dioniso è anche legato il tema dell'apparizione e sparizione improvvise, quando al culmine dell'estasi più rapita spariva tra le acque del mare, occultandosi agli occhi di tutti; una tematica ben rintracciabile nell'individuo in cui sia vivo questo modello divino di esprimere sia la profonda sensibilità e capacità di sintonizzarsi su dimensioni estatiche dell'esperienza, sia la volontà di distanziarsene per l'incapacità di sostenere la potenza ma anche la continuità di queste emozioni, che chiedono tempo per essere visualizzate ed integrate nella coscienza.

Fondamentale quindi conoscere ed integrare Dioniso dentro di sé; uno dei suoi attributi infatti era collegato alla capacità di restituire la libertà a quanti lo invocavano per riacquistarla; tra i Romani, infatti, non era chiamato soltanto Bacco, ma anche Libero: dalla prigionia degli Inferi infatti aveva liberato la madre Semele, che fu poi accolta tra gli dei dell'Olimpo nonostante fosse una mortale e a lui si deve anche il gesto umano di aver salvato Arianna, la figlia di Minosse che, dopo essere stata abbandonata sull'isola di Nasso da Teseo, era stata da lui liberata e fatta dea.

La presenza e l'importanza delle figure femminili è una costante del mito dionisiaco, quasi a sottolineare che l' *Anima* dell'uomo può crescere proprio attraverso il contatto con dimensioni psichiche più sottili,

[48] F. W. Nietzsche, Le grandi opere, Newton Compton, Roma 2011, pag. 124
[48] J.S. Bolen, Gli dei dentro l'uomo, Astrolabio, Roma 1989, pag. 256

118

proprie della sfera femminile e che sono più difficili da contattare da parte dell'individuo che si sia concesso di vivere solo l'archetipo virile e competitivo che la tradizione mitica collega al dio Ares, il più diffuso e collettivamente apprezzato del modello maschile.

Rimuovere Dioniso e non riconoscerlo dentro di sé è un rischio da cui l'uomo moderno deve difendersi proprio per darsi la possibilità di rigenerarsi e ricrearsi con costanza, in tutte quelle fasi della vita in cui sembra non ci sia salvezza.

Leggiamo ancora la Bolen: "L'archetipo Dioniso è fatto oggetto di una rimozione attiva negli uomini. Se l'archetipo viene rimosso e con esso l'aspetto del fanciullo divino, nascono alcune difficoltà: la sensazione di inautenticità o di contatto, insieme alla vaga sensazione di trascurare qualcosa d'importante, o di condurre una vita priva di significato". [49]

Anche l'esperienza del vino che spesso si rintraccia in quanti si abbandonano a Dioniso sembra essere collegata soprattutto ad un bisogno interno di raggiungere l'incontro con se stessi e con la totalità, con la personale Verità interiore. Non è quindi collegato a moti di frustrazione o d'impotenza psicologica, quanto al bisogno di lasciarsi andare per contattare la carica energetica inconscia, la scintilla creativa che solo gli stati alterati di coscienza permettono di risvegliare, interrompendo per qualche tempo il logorante lavorio della mente e permettendo quei balzi di coscienza, gli *insights* della psicologia cognitiva, che spalancano alla funzione intuitiva della mente, consentendo solo a quel punto l'allargamento in consapevolezza della coscienza stessa.

E' proprio grazie a questi "scollamenti" e scambi energetici tra coscienza ed inconscio, che la neuropsicologia e la psicobiologia rintracciano anche a livello neuronale, come se fossero una scintilla mobile ed improvvisa che si genera all'interno della mente, senza essere collegata ad informazioni o fatti riferibili al mondo esterno, che si potrebbe generare quel potenziale particolare che fa dell'uomo Dioniso un profeta, un visionario, ma non nel senso peggiore della parola, quanto in quello che regala a chi ne sia dotato la potenzialità di pre-vedere il futuro, di profetizzare e rendere manifesto ciò che agli altri non è dato sapere, proprio così come il mito riconosceva come prima qualità a Dioniso, il dio del vino.

---

48 J. S. Bolen, Gli dei dentro l'uomo, Astrolabio, Roma 1989, pag. 256

È altrettanto chiaro che abbandonarsi completamente all'archetipo e farsi rapire da lui è ancor più disastroso che negarlo. Chi s'identifica completamente con il dio e quindi si stordisce attraverso l'uso di alcool e droghe, non solo distrugge il suo corpo, ma perde contemporaneamente l'aggancio con la realtà. Farsi possedere completamente da Dioniso, il dio del "sacro" per eccellenza, esclude paradossalmente proprio il sacro dalla vita, quando solo attraverso l'esperienza sacra si può accoglierne il flusso, si può esserne benedetti, senza rischiare la propria distruzione.

L'archetipo del "Viandante".

Al dio Dioniso e al suo errare rimanda certamente l'archetipo junghiano del "Viandante", inteso come la tensione innata che spinge l'individuo ad ampliare i propri orizzonti, a cercare altre spiagge in cui poter saziare la sete di conoscenza che è viva dentro di lui, non solo del mondo geografico, ma soprattutto del suo ricco mondo interiore, che lo induce all'incontro con se stesso.

Hieronymus Bosch, Il Viandante, 1510

E' un archetipo che ritroviamo espresso nella figura dell'Ulisse omerico che, pur avendo dentro di sé la volontà cosciente di ritornare a casa, ad Itaca, dove lo attendono la sua sposa e la sua gente, esprime quella dimensione mitica altrettanto potente che spinge l'individuo a non fermarsi, perché sa che solo attraverso il movimento e la scoperta di nuovi mondi può approdare a nuove conoscenze, ma soprattutto può colmare gli interrogativi ed i dubbi su quanto di sconosciuto ci sia da illuminare del suo complesso mondo emotivo.

E' per questo che l'archetipo del "Viandante" è anche una costante quasi fissa dell'individuo lacerato tra la scelta di una vita convenzionale ed inquadrata secondo gli schemi tradizionali, familiari e sociali più consolidati, che lo spinge ad obbedire a regole collettive per sentirsi integrato e soprattutto accettato dal mondo che viene definito "normale" e l'imprescindibile spinta ad essere se stesso, ad esprimere la propria autenticità, nonostante il rischio di incontrare sulla via l'emarginazione, la solitudine e il fallimento.

Attraverso l'esperienza personale infatti, l'individuo avrà la possibilità di confermare i principi ed i valori ereditati oppure metterli in discussione, aprendosi ad un nuovo modo di concepire l'esistenza, spesso totalmente sganciato dal pensiero comune, ma che impregna e rispecchia fino in fondo la sua essenza più vera.

Per questa dicotomia interna, l'archetipo viene spesso vissuto dall'individuo con inquietudine per l'inevitabile lacerazione che si crea tra il naturale bisogno di normalità che fa sentire integrati ed il riconoscimento di trovarsi spesso calato in una condizione esistenziale di estraneità totale, perché il risultato delle sue scelte non si allinea a quanto gli schemi convenzionali e collettivi spingono a realizzare, che essi siano riferiti alla vita familiare, a quella sentimentale o alla propria realizzazione professionale.

Nei testi ermetici è presente il concetto per cui il viaggio, il viandante e la destinazione siano la stessa cosa, tanto è irresistibile la spinta alla ricerca che è racchiusa in questo archetipo; il "Viandante" non può fermarsi, ma il viaggio non è importante per la meta che propone, quanto per l'esperienza che potrebbe offrire sulla via.

Per chi si sia identificato in quest'archetipo, è l' "andare" lo scopo del viaggio e non l' "arrivare"; la meta non è fondamentale tanto quanto quello che si può sperimentare "andando verso la meta" a tal punto che, quando il viaggio è finito, anche la tensione energetica che sprigiona la ricerca si spegne. Da qui il "moto perpetuo" che s'incontra nella persona che si sia identificata soprattutto in questa figura archetipica, un individuo che si serve del movimento all'esterno per poter gestire il movimento interno dei molti dubbi e degli interrogativi che affollano il suo cuore. Attraverso il contatto col mondo naturale e geografico che su di lui ha un richiamo irresistibile, il "Viandante" tranquillizza se stesso e mantiene il contatto con la sua anima, perché grazie all'incontro con ciò che il viaggio riflette della sua più intima natura archetipica, avrà la possibilità di scendere dentro di sé ed interrogarsi; rileggendo il suo passato ed analizzando le motivazioni delle sue scelte, potrà finalmente impegnarsi per la loro realizzazione senza cadere nel dubbio, perché avrà finalmente definito le sue priorità e ciò che può dare senso alla sua vita.

Scrive Murray Stein, nel citato "Il principio d'individuazione": "Un processo d'individuazione esige che si mettano in discussione le nostre più importanti certezze culturali e le convinzioni alle quali siamo più affezionati. Questo vuol dire lasciare andare le precedenti identificazioni ed essere aperti ad esplorare ciò che è sconosciuto e spesso sgradevole. Deve esserci un atteggiamento aperto nei confronti dell'Altro e la disponibilità ad entrare in dialogo con quell'elemento straniero. L'elemento estraneo verrà così integrato in noi stessi, ma verrà integrato anche il rimosso, l'oscuro, lo spaventoso e il dimenticato". [50]

Lo scrittore ci ricorda anche come alcuni viaggi geografici compiuti da Jung – come quello di tre mesi che fece in Africa – operarono per la sua individuazione, per comprendere meglio il bisogno imperioso di differenziazione dagli schemi collettivi, attraverso la necessità di operare una separazione dalla cultura europea, per poter pervenire all'unione con la sua specificità.

L'errare è quindi sinonimo non solo del bisogno di allargare le proprie conoscenze, ma anche dell'impulso a scoprire tutto ciò che non si conosce di sé, della propria natura essenziale. L'errare presuppone anche il perdersi, che diventa contemporaneamente il prerequisito per ritrovare se stessi, per individuare l'unica destinazione non più geografica ma psicologica, specifica e personalissima che cerca la propria anima.

Se volessimo rintracciare l'archetipo in un soggetto cinematografico

[50] M. Stein, Il principio d'individuazione, Moretti & Vitali, Bergamo 2010, pag. 140

che evochi questi temi, lo potremmo vedere ben rappresentato dal protagonista del film "Into the wild", "Nelle Terre Selvagge" (1997), di Sean Penn.

Christopher McCandless, con le belle citazioni che fa dei suoi scrittori preferiti, Byron, Tolstoj, London e Thoreau, è l'espressione vivente dell'inquietudine che vive nel cuore dell'individuo costretto ad una vita uniformata a schemi collettivi e per questo coraggiosamente spinta in un territorio sconosciuto in cui ritrovare se stesso, confrontando l'esterno con l'interno, la forza con la debolezza, la libertà col limite, la regola con la trasgressione e solo a quel punto scegliere in autonomia per realizzare ciò che desidera.

Una volta divenuto Alex Supertramp e dopo essere riuscito ad illuminare la sua anima che il mondo selvaggio riflette, Christopher diventa "il viandante" alla volta di una meta geografica, l'agognata Alaska, che non esprime altro che il desiderio di raggiungere in solitudine una destinazione spirituale, in cui incontrarsi con la propria verità.

"Non l'amore, non i soldi, non la fede, non la fama, non la giustizia, datemi la Verità" (H. D. Thoreau).

Nel momento in cui raggiungerà l'Alaska, Alex sentirà di essersi finalmente ricongiunto con se stesso, anche se dovrà pagare un prezzo per la presunzione di potenza che nutrirà in questa nuova dimensione: ormai certo delle nuove competenze che ha accumulato sul mondo naturale che lo circonda, sull'uso delle erbe e sui loro poteri medicamentosi, Alex non riconoscerà una pianta velenosa e se ne ciberà, segnando così la sua fine, simbolo del limite che l'uomo deve saper dare alle sue passioni per non esserne travolto, nonché alla presunzione di poter controllare la vita soltanto col sapere, la conoscenza delle cose o la semplice volontà.

C'è infatti nell'archetipo un bisogno inconscio di andare oltre il consentito, di assecondare la propria smania di ricerca senza porsi alcun limite, spingendosi sempre più in alto ed infrangendo quelle regole naturali e di buon senso che dovrebbero essere tenute presente dalla stessa condizione umana. E' per questo che l'archetipo si può collegare ad altri miti greci in cui l'orgoglio ed la sopravalutazione delle proprie forze spingano l'individuo a gesti velleitari e sconsiderati, primo tra tutti il citato mito di Prometeo che, proprio per la sua capacità di visualizzare in anticipo ciò che sarebbe servito all'umanità, trasgredendo ad un dogma preciso, ruba il fuoco sacro agli dei, esponendosi al castigo divino per aver peccato di presunzione; oppure quello dello sprovveduto Icaro, figlio di Dedalo costruttore del labirinto di Cnosso che, avvicinandosi troppo al sole, viene tradito dalle sue ali di cera e precipita in mare.

Jacob Peter Gowy, La caduta di Icaro, 1636-38

Scrive C. S. Pearson in "Riconoscere l'eroe dentro di noi": "Le storie di Prometeo ed Icaro non vogliono scoraggiare la ricerca. Ci mettono semplicemente in guardia contro la presunzione e la superbia, contro il volare più in alto di quanto si ha la capacità o il diritto di fare. Non è il tentativo di ascendere che è punito in queste storie, ma piuttosto la presunzione e il non rispetto dei limiti appropriati".[51]

Per questa sua incapacità di poter pianificare la sua vita seguendo i desideri ed i sogni personali, per questa inconscia spinta verso la diversità, quando tutto ciò a cui aspira l'individuo/Viandante è una vita "normale", fa di questo archetipo l'espressione del bisogno dell' "altrove" che c'è nell'animo umano e cioè la ricerca di ciò che potrebbe saziare quel bisogno di Assoluto e di Eterno in cui l'anima vorrebbe annullarsi e finalmente lasciarsi andare, per riuscire ad interrompere la tensione a conquistare qualcosa che appaia irraggiungibile, per poi distanziarsene di nuovo nell'attimo stesso in cui la si potrebbe afferrare e continuare così, a cercare ancora, non si sa dove, o come o perché, si sa solo che non è lì che ci si può

---

[51] C.S. Pearson, Risvegliare l'eroe dentro di noi, Astrolabio, Roma 1992, pag. 148

124

fermare.

Ma in fondo, questo non è altro che il moto dell'onda in mezzo al mare, che si muove senza sosta fra mille correnti contrarie al fine di raggiungere la riva, ma che ritorna indietro a cercare ancora, proprio nell'attimo in cui l'ha toccata.

Orfeo.

Queste tematiche mitiche che vedono in Dioniso un dio di frontiera, straniero, viandante e in contatto con le forze della natura sono presenti anche dal mito di Orfeo, sacerdote di Dioniso e figlio di Apollo.

Orfeo è l'eroe dionisiaco per eccellenza, inserito anch'egli in imprese tirate al limite del possibile e in quel territorio di confine dove vengono testate le capacità dell'umano potere, nonché la capacità di porsi dei limiti.

Lo ritroviamo infatti nel "Viaggio degli Argonauti" per la conquista del "Vello d'Oro", ricordato dalla mitologia classica come un'impresa impossibile per le prove insormontabili che presentava, ma ancora una volta come archetipo della lotta interiore e dello spirito indipendente che spingono l'uomo a rompere con gli schemi del passato che devono essere rivisti ed accolti perché ancora validi ed insostituibili, oppure lasciati andare, perché non più in linea col percorso evolutivo.

Orfeo, mosaico da Antiochia, III sec. d.C.

Ma Orfeo non è solo straniero in quanto proveniente dalla Tracia come Dioniso, non è solo viandante e valente guerriero, ma è soprattutto un artista e un musicista; in qualità di canntore e poeta, nei suoi viaggi incantava chiunque s'incontrasse con la sua musica, una musica che guariva, che permetteva uno stato conclusivo di catarsi che riconciliava la testa col cuore, ma anche gli impulsi più sfrenati col bisogno di spiritualità. Apollo infatti, gli aveva donato la lira con cui lui deliziava se stesso e tutta la natura, che risultava come risanata dal suo benefico canto.

E' quindi una figura dionisiaca perché simbolo della rigenerazione che può derivare dal contatto con la natura e con l'impulso vitale, ma anche apollinea perché in grado di controllare le forze istintive e selvagge attraverso il potere terapeutico del canto e della musica, della bellezza e dell'armonia.

Ma così come Dioniso, anche Orfeo dovrà passare attraverso uno smembramento; infatti, il passaggio più forte e conclusivo del suo mito è strettamente collegato ad una trasgressione, al rifiuto che lui oppose ad un ordine divino, di cui pagò il prezzo con la sua tragica fine.

Perdutamente innamorato della ninfa Euridice, lui sperimenterà quasi contemporaneamente il pieno e il vuoto che fanno parte dell'archetipo dionisiaco quando, dal momento di massima gioia che proverà nell'unirsi alla sposa coronando il suo sogno d'amore, precipiterà nella disperazione più cupa quando, subito dopo le nozze, Euridice morirà per il morso di un serpente e verrà portata all'Ade. Ad Orfeo non fu concesso di vivere a fianco di Euridice, non per un destino avverso, quanto per la sua incapacità di ubbidire ad un ordine divino, nonché per la presunzione di potersi ergere a giudice e lottare contro di esso.

Il pianto di Orfeo è talmente struggente e dolce ed inconsolabile che tutta la natura sembra piangere con lui, a tal punto che si impietosirà lo stesso Ade, che gli concederà di scendere nell'Oltretomba e ricondurre Euridice alla luce. Ma Ade lo avvertirà: una volta trovata la sposa, Orfeo dovrà procedere sulla strada del ritorno senza voltarsi, pena la perdita definitiva dell'amata. Ma Orfeo non ubbidirà e si volterà e perderà la prova, perché non riuscirà a fidarsi dell'insindacabile operato divino.

Quasi prossimo all'uscita, mentre dimentica in un attimo le parole di Ade e si affretta quasi correndo per guadagnare terreno, non sentendo più i passi dell'amata che sapeva dietro di lui, Orfeo si volta, perché vuole accertarsi che lei lo stia seguendo, che sia ancora lì, che non sia svanita.

Il voltarsi di Orfeo ed il contemporaneo dissolversi della figura di Euridice rimarrà per sempre nell'immaginario collettivo come l'archetipo dell'impossibilità di raggiungere un obiettivo che si pensava certo, perchè non ci si è aperti anche alla fede nell'imponderabile, che impregna ogni respiro dell'esperienza umana. Questo accade spesso quando il principio di *Logos* non mediato dall' *Eros* finisce per distorcersi, ci si ostina a voler spiegare anche l'inspiegabile, a tal punto che Orfeo scruta, diffida, sospetta e rifiuta tutto ciò che non è inquadrabile in un'ottica razionale, alla ricerca ossessiva di motivazioni e nessi causali che abbiano un senso.

J. B. C. Corot, Orfeo guida Euridice fuori dall'oltretomba, 1861

E' quindi la sfiducia di Orfeo che condanna Euridice all'Ade, perché si fida solo di se stesso e di quello che rimandano i sensi: la vista, l'udito, il gusto, l'olfatto, il tatto. Solo quello che organizza la mente razionale può essere degno di fiducia, perché al di sopra di tutto c'è la presunzione o l'illusione di potersi fidare di ciò che si può controllare con la volontà, col sapere o con la forza del pensiero.

Orfeo, l'unico ad essere sceso all'Ade per amore, lui che era riuscito ad insegnare attraverso la musica la necessità di onorare la Natura, lui che aveva insegnato "la competenza dei sentimenti" da affiancare a quella della ragione per non sminuire le umane potenzialità, non saprà rinunciare all'illusione di potenza ed il prezzo che lui pagherà sarà altissimo: perderà Euridice e morirà smembrato dalle Menadi che, offese dalla sua fedeltà al ricordo della sposa, lo faranno a pezzi e lo getteranno nel fiume Ebro.

Ma la sua testa che cadrà sulla lira continuerà a cantare Euridice galleggiando fino all'isola di Lesbo, dove verrà raccolta dalla pietà delle Muse e sepolta nel santuario di Dioniso, mentre Apollo decreterà l'immortalità della sua lira ponendola tra le Costellazioni.

J.W. Waterhouse, Le ninfe ritrovano la testa di Orfeo, 1900

L'archetipo astrologico.

"La passione per lo spirituale, come tutte le passioni, può facilmente capovolgersi in pathos o in estrema alienazione delle altre parti del Sé, come vediamo così bene oggi nei fondamentalisti e nei fanatici religiosi. La meta dell'individuazione, a differenza di quella della ricerca religiosa, non è l'unione col divino o la salvezza, ma l'integrazione e l'interezza, il formare degli opposti insiti nel Sé un'immagine d'unità, e integrare questa nella coscienza". [52]

Queste parole del neojunghiano Murray Stein riassumono in maniera perfetta i rischi che racchiude l'archetipo dionisiaco, quando spinga l'individuo a passioni smisurate, a perdere quei confini che l'Io deve mettere all'inconscio per non esserne travolto. Se infatti l'aspirazione a dissolvere le barriere che imprigionano la mente in dimensioni ristrette è propria dell'archetipo, di contro fortissima è anche la necessità di confinare e dominare queste aspirazioni per non essere posseduti dal caos dell'inconscio. E tutti conosciamo l'effetto che alcool, droghe e sostanze stupefacenti hanno sullo stato di coscienza.

A livello astrologico, l'archetipo dionisiaco è collegato al pianeta Nettuno.

Ne avevamo parlato già nell'esaminare l'archetipo Poseidone, ma se in quel caso la parte razionale primeggia su quella creativa e fantasiosa, nell'archetipo dionisiaco s'impone il desiderio di fluttuare in dimensioni sconfinate, dove non esiste tempo esterno ma solo interno; solo così si possono oltrepassare i confini dell'Io ed approdare in realtà diverse, in cui l'anima da sempre vorrebbe perdersi per unirsi al Tutto.

Nettuno è la nostra parte divina, quella che non risponde più alla logica ma aspira a dilatare ogni sensazione, ogni percezione per trovare un'altra verità, passando dall'ordinario allo straordinario, dal visibile all'invisibile, dal finito all'infinito. L'archetipo è quindi collegato a quella parte di noi che vuole sciogliere i confini e le divisioni che ci impediscono la connessione con una dimensione superiore.

Riporto di seguito uno stralcio dal mio "L'Alchimia Astrologica" sui significati del pianeta Nettuno:

---

[52] M. Stein, Il principio d'individuazione, Moretti & Vitali, Bergamo 2006, pag. 50

"Pianeta d'acqua, regno delle emozioni, simboleggia la trascendenza e quanto la realtà ordinaria non riesce a spiegare. Collegato al mondo onirico e a quello dell'immaginazione, rappresenta la parte irrazionale e caotica della mente, che desidera sganciarsi dalla realtà collegata strettamente all'esperienza sensoriale per approdare ad una dimensione "altra" dove la mente è costretta a rinunciare ad ogni controllo. Simboleggia quindi un'energia fluida e mutevole, che spinge l'individuo a ricercare le motivazioni della sua esistenza in un progetto più ampio che vada al di là dell'esperienza umana, un progetto strettamente congiunto al Divino.

Nettuno è un simbolo d'amore e di partecipazione, è l'oceano in cui ogni onda può fare la sua parte; durante i suoi transiti, spinge ad uscire dall'interesse personale e ad aprirsi ad un sentimento d'unione, di condivisione, Nettuno è l'Amore Universale.

Questo sentimento di appartenenza alla Totalità, vede spesso l'individuo alle prese con la rivalutazione di ciò che ha importanza per sé, che è fondamentale per definire la sua identità. E' come uno scoprire chi si è attraverso la negazione di ciò che si pensava di essere, ma soltanto perché l'identità non può essere un monolite dai rigidi confini; ciò porterebbe a perdere anche tutto ciò che si è in potenza, che giace nel mondo sommerso del Sé e che deve essere portato alla coscienza.

Infatti, se Saturno simboleggia il Super Io e cioè quel bisogno che sta a difesa dell'Io e che tenta di strutturare in maniera stabile e soprattutto duratura la personalità, fissando limiti e paletti razionali da cui non si vuole derogare, Nettuno è il "non limite", il "non confine", il bisogno completamente irrazionale ed inconscio che non ci vuole fissi e limitati, ma in continuo divenire.

Per far questo, Nettuno opera con quello che ho sempre definito "l'effetto marea", portando e riportando sensazioni e percezioni che hanno l'unico scopo di far comprendere alla mente che c'è qualcosa molto più grande di lei che cerca l'incontro con l'inconscio, con quanto resta fuori dalla barriera della coscienza, perché rifiutato come avulso e lontano dalle personali identificazioni.

Il giusto scambio tra i due pianeti quindi, senza che l'uno prevarichi l'altro, è di fondamentale importanza per garantire all'Io di poter strutturare una coscienza forte e stabile, senza che le irruzioni dall'inconscio di Nettuno mettano a rischio l'intera opera d'integrazione.

E' questa una fase molto delicata in cui ci si può sentire svuotati, perché vengono a mancare le illusioni che il Super-Io (Saturno) ha messo in atto a partire dall'infanzia, per allinearsi a ciò che la psiche collettiva chiedeva, ma anche quella personale per ricevere accettazione. Infatti, se Saturno è collegato all'elemento Terra, stabile e permanente, Nettuno ed il suo collegamento all'elemento Acqua sono molto assimilabili al concetto di "impermanenza buddista", dove crollano tutte le certezze e le sicurezze precostituite e rimane solo l'affidamento a qualcosa di superiore, al giusto fluire della vita, all'ordine superiore delle cose.

Deve sostanzialmente avvenire un atto di resa da parte della mente che non potrà più ergersi ad unica depositaria della Verità.

Se a prima vista quindi può apparire molto destabilizzante per l'Io questo apparente perdersi in qualcosa più grande di lui, appare anche come l'unica possibilità per eliminare quanto non è più da considerare indispensabile per la propria individuazione e quanto lo è; quanto deve essere lasciato andare e dissolto perché superato e quanto può servire alla costruzione di una nuova personalità, più grande, più matura e completa della precedente". [53]

Astrologicamente troviamo l'archetipo dionisiaco nel Sole in Pesci o quando Nettuno si leghi ad altri pianeti personali come la Luna, Mercurio e Venere.

La tendenza alla fuga dei Pesci, Segno di cui Nettuno è Signore, quella difficoltà che i nativi del Segno hanno a razionalizzare e trovare centratura per il rifiuto inconscio e fortissimo ad accogliere la realtà in tutte le sue sfaccettature; quel bisogno di perdersi in dimensioni più allargate, che contengano in egual misura il reale e l'irrazionale, il finito e l'infinito, l'ordinario e lo straordinario rispecchiano il lato dell'archetipo dionisiaco collegato al bisogno di stordirsi per non mettere confini al proprio essere, che deve dilagare oppure restringersi come fa l'onda dell'oceano, sempre la stessa e pur sempre nuova.

Scrive Liz Greene in "Astrologia e Amore": "I Pesci posseggono il segreto della fonte della vita, il regno dei sogni e delle fantasie che la psicologia definisce inconscio. I Pesci hanno la chiave di questo mondo, una chiave data loro in dono alla nascita. Possono andare e venire a piacere. Il problema è che spesso trovano difficile tornare". [54]

---

[53] F. Piombo, l'Alchimia Astrologica", Lulu Edizioni 2018, pag. 124 e seguenti
[54] L. Greene, Astrologia e Amore, Astrolabio, Roma 1994, pag. 264

Nella carta di nascita quindi, Nettuno è collegato al bisogno di connessione con realtà straordinarie, anche se il risultato può sconfinare in una disintegrazione della coscienza individuale. I grandi artisti del passato, ricordati per i loro genio e sregolatezza erano tutti Nettuniani, capaci di istillare emozioni potenti attraverso il loro linguaggio universale, capaci di infondere nell'umanità stille di consapevolezza.

Jung stesso, del Segno del Leone, era un Nettuniano; infatti il suo Sole era quadrato a Nettuno.

Noto spesso come l'elemento Fuoco si ritrovi nei Nettuniani con forti valenze d'Acqua, come a significare che la capacità percettiva dell'elemento Acqua, grazie alle scintille del Fuoco, genera nella mente quell'*insight*, quella particolare intuizione che dà vita al genio.

Leggiamo cosa scrive Jung in "Ricordi": "Le onde del mare della vita mi hanno fatto così ed io seguo il destino che hanno tracciato per me. Allora le forze primordiali, a chi le accoglie anche come ossessioni e disturbi o attaccamenti, regalano la gioia, la felicità e un occhio aperto al mistero. Le mie ossessioni sono i miei segreti, sono il regalo che la vita ha fatto a me. [...] E' importante avere un segreto, una premonizione di cose sconosciute. Riempie la vita di un qualcosa d'impersonale, di un *numinosum*. Chi non ha mai fatto quest'esperienza, ha perduto qualcosa d'importante. L'uomo deve sentire che vive in un mondo che è misterioso, che in esso avvengono cose che restano inesplicabili e non solo quelle che accadono nell'ambito di ciò che ci si attende. L'inatteso e l'inaudito appartengono a questo mondo. Solo allora la vita è completa. Per me, fin dal principio, il mondo è stato infinito e inafferrabile". [55]

Queste parole del grande filosofo evocano Nettuno e la capacità di godere dei suoi effetti solo quando la personalità sia in connessione con le radici del suo essere, perché solo a quel punto c'è la pace dell'anima.

Diversamente, resta difficilissimo gestire la scissione dionisiaca Spirito-materia; proprio grazie a questa ricchezza e vastità emotiva, proprio grazie alla miriade di sollecitudini che invadono la mente, c'è difficoltà a rimanere ancorati alla realtà, resta forte il senso di vaghezza e si stenta a rimanere centrati. La fantasia e la creatività sono altissime, anche se permane un vago senso d'insoddisfazione interna, spesso dovuta all'incapacità di sublimare e spiritualizzare la ricchezza e la vastità del proprio mondo interiore.

---

[55] C. G. Jung, Ricordi, Sogni, Riflessioni, Bur, pag. 416

Vincent Van Gogh, (Zundert 1853-Auvers-sur-Oise, 1890), era un Nettuniano: mentre il Sole in Ariete è isolato, non forma cioè alcun aspetto con gli altri pianeti, tanto che il senso di solitudine e d'isolamento perdureranno per tutta la sua vita, la Luna, in Sagittario, si quadra a Nettuno nei Pesci, intensificando così nella sua anima il bisogno di armonia e fusione con gli altri; spesso chi presenta questo binomio astrologico ha uno scopo e una missione talmente superiori da sentirsi spesso scontento di sé, come fu per Van Gogh, nonostante la sua divina pittura.

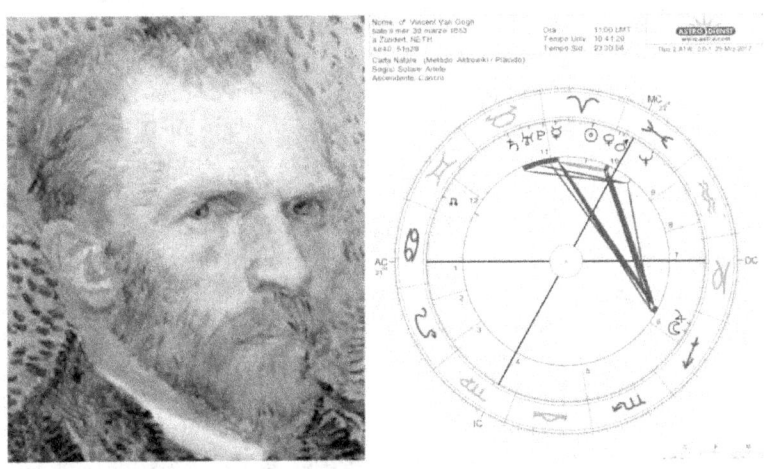

Riporto a questo proposito uno stralcio dalle lettera al fratello Theo dal titolo "C'è fannullone e fannullone!":

"C'è chi è fannullone per pigrizia o per mollezza di carattere, per la bassezza della sua natura, e tu puoi prendermi per uno di quelli. Poi c'è l'altro tipo di fannullone, il fannullone per forza, che è roso intimamente da un grande desiderio di azione, che non fa nulla perché è nell'impossibilità di fare qualcosa, perché gli manca ciò che gli è necessario per produrre, perché è come in una prigione, chiuso in qualche cosa, perché la fatalità delle circostanze lo ha ridotto a tal punto; non sempre uno sa quello che potrebbe fare, ma lo sente d'istinto: eppure sono buono a qualcosa, sento in me una ragione d'essere! So che potrei essere un uomo completamente diverso. A cosa potrei essere utile, a cosa potrei servire? C'è qualcosa in me, che è dunque? Questo è un tipo tutto diverso di fannullone, se vuoi puoi considerarmi tale. Un uccello chiuso in gabbia in primavera sa perfettamente che c'è qualcosa per cui egli è adatto, sa benissimo che c'è qualcosa da fare, ma che può fare: che cosa è? Non se lo ricorda bene, ha delle idee vaghe e dice a se stesso: "gli altri fanno il nido e i loro piccoli e allevano la covata", e batte la testa contro le sbarre della gabbia. E la gabbia rimane chiusa e lui è pazzo di dolore. "Ecco un fannullone" dice un altro uccello che passa di là, "quello è come uno che vive di rendita". Intanto il prigioniero continua a vivere e non muore, nulla traspare di quello che prova, sta bene e il raggio di sole riesce a rallegrarlo. Ma arriva il tempo della migrazione. Accessi di malinconia – ma i ragazzi che lo curano nella sua gabbia gli dicono che ha tutto ciò che può desiderare – ma lui sta a guardare fuori il cielo turgido carico di tempesta, e sente in sé la rivolta contro la propria fatalità. "Io sono in gabbia, sono in prigione, e non mi manca dunque niente, imbecilli? Ho tutto ciò che mi serve! Ah, di grazia, la libertà, essere un uccello come tutti gli altri!". Quel tipo di fannullone è come quell'uccello fannullone. E gli uomini si trovano spesso nell'impossibilità di fare qualcosa, prigionieri di non so quale gabbia orribile, orribile, spaventosamente orribile... Non si sa sempre riconoscere che cosa è che ti rinchiude, che ti mura vivo, che sembra sotterrarti, eppure si sentono non so quali sbarre, quali muri. Tutto ciò è fantasia, immaginazione? Non credo, e poi uno si chiede "Mio Dio, durerà molto, durerà sempre, durerà per l'eternità?". Sai tu ciò che fa sparire questa prigione? È un affetto profondo, serio. Essere amici, essere fratelli, amare, spalanca la prigione per potere sovrano, per grazia potente. Ma chi non riesce ad avere questo rimane chiuso nella morte. Ma dove rinasce la simpatia, lì rinasce anche la vita". [56]

In queste parole si legge tutta l'impotenza di Van Gogh di fronte a ciò che lui definiva una sventura, una fatalità, quando probabilmente tutto era dovuto alla difficoltà di tradurre nella sua arte l'universo nettuniano che aveva dentro, il bisogno d'amore, il mare d'amore che sente il Nettuniano e che non sa esprimere a parole, non esistono le parole per definirlo. Ciò comporta spesso una struggente nostalgia di ciò che non si sa spiegare a parole, ma è altrettanto certo che si tratta di un qualcosa che non si può sperimentare nella realtà.

Lisa Morpurgo, grande astrologa italiana ormai scomparsa, iniziatrice di

---

[56] Vincent Van Gogh, Lettere a Theo, Guanda, Parma 1984, pagg. 87-88

un'astrologia psicologica, avrebbe parlato a questo punto di "divino scontento", proprio per mettere l'accento sull'incapacità per il Nettuniano di godere della sua eccezionalità, della sua vicinanza a tutte le forme di vita, dell'impossibilità di ancorarsi a qualcosa di stabile e soddisfacente senza avere la continua impressione di stare dimenticando qualcosa di molto importante per sé e per la pace della sua anima.

Emblematica a questo proposito un'altra esclamazione di Van Gogh, tratta sempre dalle "Lettere a Theo": "A momenti, come quando le onde disperate s'infrangono sulle scogliere indifferenti, m'invade un desiderio tumultuoso di abbracciare qualcosa". Singolare che usi il pronome *qualcosa* e non *qualcuno:* troppo limitato l'abbraccio di "qualcuno" per esprimere l'infinito mare d'amore che aveva dentro.

Vincent Van Gogh, Notte stellata, 1889

Diversamente, quando Nettuno tocca il Sole, la Luna o i pianeti personali con un trigono o con un sestile e quindi con aspetti benefici, il bisogno di sconfinamento e di sdoppiamento psichico è spesso tradotto come dedizione e abnegazione nei confronti degli altri, come desiderio di mettersi al servizio di un bene superiore, di sacrificare se stessi per amore dell' Altro.

Poiché Nettuno simboleggia il bisogno che abbiamo di dissolvere qualsiasi limite e confine per unirci a dimensioni superiori, è naturale pensare di poter fare esperienza di questo stato estatico proprio attraverso l'amore, la compassione e la condivisione con gli altri. E' questo il caso in cui le caratteristiche mistiche e spirituali dell'archetipo Dioniso si fanno più forti: l'individuo – attraverso questo sentimento di religiosità – si sente purificato e redento; l'immersione nel mare dell'inconscio non lo turba, ma anzi lo sana e gli permette di riconquistare equilibrio e centratura.

In particolar modo, per quanto riguarda l'amore, non c'è dubbio che l'archetipo nettuniano spinga, uomo e donna, verso forme d'amore totalizzanti ed esclusive. C'è spesso il bisogno di fondersi con l'altro, di perdere i propri confini per quella necessità di ritornare ad uno stadio "pre-nascita", in cui non si soffrivano divisioni e separatezza. I mistici parlano di "nostalgia del divino", un'istanza psichica fortissima ad unirsi con la fonte creativa.

L'amore nettuniano è quindi un amore romantico, sognante che aspira alla completezza, ma anche a sperimentare forme trasgressive di condivisione e annullamento di sé. Ricordiamo come Dioniso si abbandonasse assieme al suo seguito di Satiri e Baccanti ad orge in cui ci si inebriava attraverso l'alcool ed altre manifestazioni estreme, così come aveva istillato nelle donne di Tebe, represse e costrette ad una vita monotona e senza stimoli, il desiderio di libertà e d'espressione di quanto della propria essenza rischiava di andare perduto.

Per questo motivo, spesso l'uomo nettuniano diventa l'oggetto del desiderio romantico di molte donne, fino al punto da far perdere loro la testa, così come avveniva per le Baccanti al seguito del dio.

Questa necessità di perdersi e fondersi con l'altro che suscita il Nettuniano e che prova egli stesso è il rischio più grande che nasconde l'archetipo: si tratta infatti più di un innamoramento verso l'amore che verso una persona; essendo fortissimo il desiderio di dedicare se stessi a "qualcosa" più che a qualcuno, si finisce spesso per fraintendere ciò che l'altro rimanda per poi incappare in cocenti delusioni, altrettanto forti quanto era stata l'illusione e l'idealizzazione iniziale. In fondo "Nettuno vede solo quello che vuole vedere" ed il rischio di illudersi e fraintendere, in amore è fortissimo.

Ma questo dovrebbe allora indurre a chiedersi come mai si attirino sempre certe situazioni che finiscono per deludere: c'è forse una bassa autostima che ha bisogno di queste esperienze per essere accresciuta?

In realtà, Nettuno è quel bisogno della nostra psiche che ci chiede né di annullarci né di sacrificarci per l'altro; spesso, durante i suoi transiti si sperimentano relazioni basate su i due poli vittima/salvatore, proprio perché il bisogno di dedicarsi a *qualcosa* di superiore, ci fa attirare *qualcuno* particolarmente bisognoso, qualcuno che è in difficoltà e che non esita un attimo ad accettare il nostro aiuto, come se fossimo un salvagente che il naufrago afferra per non affogare. In realtà, proprio perché si tratta di relazioni che nascono dal bisogno, è probabile che a lungo andare si rivelino deludenti, perchè l'unico loro fine è quello di far acquistare maggiore consapevolezza non solo del valore dell'altro, ma soprattutto del proprio valore personale, della propria capacità di dare, ma anche dell'altrettanto imprescindibile diritto di ricevere amore.

Animus ed Anima. La Luna nell'uomo.

> *"Sai tu quanta femminilità manchi all'uomo per essere completo?*
> *Sai quanta mascolinità manchi alla donna perché sia completa?*
> *Voi cercate il femminile nella donna e il maschile nell'uomo.*
> *Ma dove stanno gli esseri umani? Tu, uomo,*
> *non cercare il femminile nella donna,*
> *ma cercalo e riconoscilo in te,*
> *poiché tu lo possiedi sin dal principio".*
> C. G. Jung

L'esempio di Vincent Van Gogh, Sole isolato in Ariete e Luna quadrata a Nettuno in Sagittario, mette l'accento sull'importanza della Luna astrologica nell'uomo, messa in relazione al bisogno di avere una vita emotiva, di riconoscere il valore dei sentimenti, di scambiare con l'altro penetrando ogni esperienza, di emozionarsi ed amare.

Così come il Sole simboleggia il "padre", infatti, la Luna simboleggia la "madre", ma non tanto la sua personalità o come lei fosse realmente, quanto il tipo di rapporto avuto con lei, lo scambio emozionale che si era stanziato fin dalla nascita per poi definirsi, giorno dopo giorno, nella relazione madre/figlio, che avrebbe colorato di alcune caratteristiche specifiche l'energia femminile presente nell'inconscio dell'uomo.

A seconda di come si è strutturata quest'energia, l'individuo sperimenterà la capacità di prendersi cura di se stesso, unita al senso di sicurezza e protezione interiore, al di là delle relazioni sentimentali che intratterrà nella sua vita.

Nell'esaminare quindi una carta di nascita, se il Sole indicherà quali sono le caratteristiche coscienti della persona, qual è il suo viaggio e progetto di vita, la Luna rivelerà il suo mondo interiore, ciò che la persona deve scoprire della sua più intima natura archetipica per arrivare alla completa conoscenza di sé.

Uomo e donna infatti, hanno sia una parte maschile che femminile racchiuse dentro di sé e per l'uomo collaborare con la sua parte femminile, conoscerla, saperla ascoltare può essere determinante per raggiungere quell'equilibrio psicofisico che è alla base della tranquillità personale.

La Luna astrologica, inconscia e da integrare, è l'*Anima* junghiana, l'immagine della donna nell'uomo, così come l'*Animus* è l'immagine dell'uomo nella donna.

Più precisamente, quando Jung parlava di *Animus* e *Anima* dava loro una valenza compensatrice. Riteneva infatti che le caratteristiche non assimilate ai tratti esteriori della personalità, femminili nell'uomo e maschili nella donna, spingessero la psiche individuale a trovare una compensazione attraverso queste due opposte funzioni, che avevano così lo scopo di migliorare l'adattamento dell'individuo alla realtà esterna, ai suoi ideali coscienti e alle sue aspirazioni.

E quindi l'*Animus* è la componente inconscia maschile della personalità della donna, che lei imparerà a conoscere di volta in volta, a seconda degli incontri con l'uomo che farà nella vita e che le rifletteranno una particolare dose d'energia maschile che ancora non conosce di sé e con cui vorrà entrare in contatto, mentre l'*Anima* è la componente inconscia femminile della personalità dell'uomo, è l'archetipo del femminile; lui la incontrerà all'esterno nelle figure femminili della sua vita e sarà portato a proiettarla su di loro fin quando non imparerà a viverla in prima persona, servendosi delle sue migliori qualità, come la fantasia, la creatività e la sensibilità, ma anche la cura e l'amor di sé.

Per questo motivo i due archetipi sono anche esemplificativi del modello ideale di uomo e di donna, forgiati nell'infanzia sulle luci e le ombre paterne e materne, a cui l'uomo e la donna tenderanno e da cui saranno naturalmente attratti per esprimere e scambiare amore, ma anche per illuminare una parte della loro psiche che altrimenti rimarrebbe inconscia.

Scrive Jung: "L'uomo ha sempre portato in sé l'immagine della donna, non l'immagine di una determinata donna ma di un determinato tipo di donna. Quest'immagine è in fondo un insieme ereditario inconscio d'origine molto remota, innestato nel sistema organico, un "archetipo", sintesi di tutte le esperienze ancestrali intorno al femminile e di tutte le impressioni fornite dalla donna; un sistema di adattamento psichico ereditario". [57]

Ai due archetipi, Jung assegnava un'ulteriore valenza perché collegava l'*Animus* al principio maschile di *Logos* (mente), messo in relazione alla capacità che c'è nell'individuo di risolvere ogni situazione attraverso l'azione ragionata, il pensiero e la parola e l'*Anima* al principio femminile di *Eros* (amore) e quindi alla capacità di relazionare, di entrare in empatia e riconoscere il valore dei sentimenti, ma anche di saper cogliere il senso profondo e più spirituale della vita.

Parlando quindi del Sole astrologico, la personalità maschile non sarà soltanto colorata da caratteristiche di *Logos*, ma avrà una componente femminile di *Eros* che l'uomo dovrà conoscere e rispettare, se vorrà intrecciare relazioni amorose mature e soprattutto soddisfacenti.

Le quattro tipologie del femminile. La lotta col drago.

Abbiamo già visto a proposito dell'archetipo del *Puer* come sia indispensabile che il rapporto madre/figlio maschio si svolga in un clima equilibrato di scambio affettivo affinché l'uomo possa coltivare dentro di sé un'immagine positiva del femminile, che gli permetta di scambiare in maniera paritaria ed armoniosa con la donna nell'età adulta.

Secondo lo psicologo junghiano Edward Whitmont questa componente femminile può riferirsi a quattro tipologie ben precise di archetipi *Anima*: La Madre, l'Etera, l'Amazzone e la Medium. A questi archetipi corrisponderà a livello astrologico un certo tipo di Luna, che ricordiamo è l'elemento inconscio della personalità, il motore dei sentimenti e delle emozioni.

Di solito, se la Luna è stata sufficientemente integrata dalla coscienza e quindi se l'uomo avrà coltivato un buon rapporto con se stesso e con la parte inconscia della sua psiche; se avrà imparato ad analizzarsi, mettendosi

---

[57] C. G. Jung, Ricordi, sogni, riflessioni, Bur Milano 2016, pag. 483

anche in discussione perché è forte la volontà di crescere; se avrà imparato a prendersi cura di se stesso senza aver bisogno di essere sostenuto da altre persone, si avrà di solito un incontro coscienza/inconscio molto positivo, in genere rispecchiato dagli aspetti distesi del tema natale (sestile e trigono).

Diversamente, gli aspetti tesi (congiunzione, quadrato e opposizione), potrebbero indicare un rapporto più conflittuale col materno e quindi rivelare una difficoltà ad aprirsi alle suggestioni dell'inconscio, con la conseguenza di provare molta ambivalenza nei confronti del femminile.

La Madre è la componente femminile dell'uomo che aspira a diventare "madre di se stesso".

Se la Luna nel suo oroscopo è positiva, l'uomo sarà in grado di scambiare in modo armonico con gli altri, grazie al suo carattere affettuoso, sensibile e disponibile. In particolare, saprà prendersi cura di se stesso senza doversi appoggiare a figure di sostegno, siano esse femminili ma anche maschili.

Se invece la Luna appare conflittuale e lesa da uno o più pianeti, è probabile che ci sia una certa difficoltà ad avere rapporti sani e paritari con gli altri, in particolar modo con le donne: l'uomo sarà infatti attratto da figure nutrienti e protettive, che amerà investire di un ruolo materno perché certo di non saper provvedere ai suoi bisogni in prima persona; è una tipologia d'individuo che ama delegare alla donna la guida della sua vita, così come da bambino aveva fatto con la madre. Dovrà quindi acquistare più autonomia, più coraggio e determinazione se non vorrà sentirsi continuamente pilotato, controllato e giudicato, insicuro nelle scelte ed insoddisfatto del loro risultato.

Leggiamo in "Lo sviluppo della personalità" di Liz Greene e Howard Sasportas: " Se troviamo la nostra madre interiore e impariamo ad accudirci e a prenderci cura di noi stessi togliamo dalle spalle di qualcun altro il peso di doverlo fare per noi, lo liberiamo dal fardello di doverci dare ciò che ci è stato negato quando eravamo bambini". [58]

L'archetipo della Madre può trovarsi nell'uomo con una Luna in Segni di Terra e d'Acqua, ma anche legata a Saturno o Plutone, soprattutto quando il Sole dell'uomo sia posto in Segni d'Acqua o di Fuoco.

L'Etera è la componente femminile dell'uomo che aspira a riconoscere la sua volubilità, fino ad arrivare ad accettare l'incoerenza e l'inaffidabilità.

---

[58] L. Greene, H. Sasportas, Lo sviluppo della personalità. Astrolabio, Roma 1997, pag. 53

E' un individuo che si sente di solito attratto da donne molto dotate a livello intellettuale, colte, raffinate ma incostanti e fuggitive come farfalle. L'esempio classico dell'Etera e del suo mondo è quello che ruota attorno alle Geishe giapponesi, capaci di innamorare ma difficili ad innamorarsi, così come avviene per l'uomo con questo tipo di *Anima*.

Se la sua Luna scambierà aspetti positivi, l'uomo sarà molto attento alla bellezza e all'armonia, al gusto e all'equilibrio; sarà delicato e rispettoso, nonchè attento al bene della sua donna; se invece la Luna sarà lesa da qualche pianeta, in particolar modo da Urano, ci sarà una parte della sua natura incostante e mutevole, che lo renderà instabile e fuggitivo.

L'archetipo dell'Etera può trovarsi in uomini con la Luna nei Segni d'Aria, o legata a Giove o ad Urano, soprattutto quando il Sole dell'uomo sia posto in Segni d'Acqua o di Terra; può anche trovarsi nella congiunzione o nelle quadrature Venere Urano, indipendentemente dal Segno che ospita il binomio.

L'Amazzone è la componente femminile dell'uomo che aspira a rispettare la propria mascolinità. Ciò comporta il rimanere in contatto col principio maschile della vita, inteso come affermazione di sé, chiarezza d'intenti, potenza e determinazione.

Di solito questo tipo di uomo si sente attratto da donne focose e combattive, che a lungo andare entrano in conflitto con la sua aggressività. Se la sua Luna è positiva, l'uomo sarà di solito efficiente, coraggioso e attento ai temi collegati alla giustizia; se invece la Luna sarà negativa o lesa in particolar modo da Marte, l'uomo tenderà a svalutare la propria virilità con la conseguenza di farsi prepotente e possessivo, a volte violento e dispotico, incapace di intrattenere relazioni sane e che lo facciano star bene.

Scrive Lianella Livaldi Laun in "Lilith e le relazioni affettive nel significato astrologico": "Quando un uomo è cosciente della sua mascolinità, nei confronti della donna non si reputa superiore, ma complementare, non sente l'esigenza nè di sottomettere od umiliare la sua compagna per sentirsi forte e potente, nè di costringerla al ruolo di madre cattiva, se essa non soddisfa le sue aspettative".[59]

L'archetipo dell'Amazzone può trovarsi nelle Lune di Fuoco o legate a Marte, soprattutto quando il Sole dell'uomo sia posto in Segni di Terra o di Aria.

---

[59] L. Livaldi Laun, Lilith e le relazioni affettive nel significato astrologico, Edizioni Capone, Rende 2009, pag. 49

E infine abbiamo La Medium, componente femminile dell'uomo che aspira a diventare cosciente delle sue percezioni, dell'intera gamma dei suoi sentimenti e del mondo invisibile che lo circonda.

Se l'uomo è in contatto col suo lato inconscio, avrà una natura sensibile e stabile a livello emotivo, poiché riterrà importante esprimere i suoi sentimenti e non avrà timore di mostrare le sue emozioni; se diversamente negherà il loro valore e si rifugerà nella razionalità, potrà conoscere questo suo lato negato attraverso le donne che incontrerà, che si riveleranno irrazionali, caotiche e prive del senso di realtà.

Dante Gabriele Rossetti, Lady Lilith, 1867

Astrologicamente La Medium può trovarsi nelle Lune d'Acqua o legate a Nettuno o Plutone, soprattutto se il Sole dell'uomo è posto in Segni di Fuoco o di Aria.

Queste tipologie di archetipi possono variare e non sono certo fisse.

Dipenderà dagli aspetti astrologici che scambierà la Luna con gli altri pianeti e quanto l'uomo sia in contatto con la sua essenza femminile.

Per far questo, sarà importante per lui dialogare con la propria anima, senza proiettarla sulle donne della propria vita, perché solo la conoscenza completa di sé, delle parti maschili e di quelle femminili della sua personalità potrà garantire maggiore comprensione del mondo femminile, nonché spiegare alcune scelte o l'attrazione verso un certo tipo di donna che altrimenti risulterebbero incomprensibili.

L'astrologia può essere un valido aiuto per arrivare a questa conoscenza.

Infatti, molte saranno le differenze tra due individui il cui Sole si pone per esempio in Ariete, ma con Lune che differiscono tra loro; infatti, l'Ariete che abbia una Luna in Leone avrà anche una parte inconscia che aggiunge fuoco e passione all'esuberanza solare; sarà quindi un individuo che inclinerà verso relazioni tempestose, che aggiungeranno emozioni forti a quelle che già ricerca il suo Sole arietino. Diversamente, l'Ariete con la Luna in Cancro avrà una personalità ardente ma di tanto in tanto incline alla malinconia, al bisogno di ricevere tenerezza, di avere un posto dove portare le sue cose.

Vedrà quindi nella donna soprattutto una madre, a cui appoggiarsi e da cui farsi guidare.

Conoscere queste caratteristiche della propria anima eviterà di proiettare la Luna sulle donne della propria vita: in questo modo l'Ariete con la Luna in Cancro coltiverà il suo lato sensibile in prima persona, evitando di scegliere una donna che lo vuole guidare, mentre spegne ogni suo desiderio e l'Ariete con la Luna in Leone si dedicherà a qualcosa di esaltante che lo prenda e lo appassioni, senza essere obbligato a proiettare la sua Luna di Fuoco su una donna altrettanto esuberante, con cui finirà per istaurare lotte furiose, per imporre il potere all'interno della coppia.

E ancora, se volessimo fare un altro esempio, nel caso di un Acquario che abbia la Luna in Scorpione, oppure semplicemente una Luna che si leghi a Plutone, binomio che chiede amori che bruciano e trasformano l'anima, mentre da un lato apparirà molto distaccato, aperto di vedute ed equilibrato come vuole il suo Sole, si ritroverà spesso accanto a donne gelose e possessive, che non gli permetteranno di decidere in prima persona e che soprattutto cercheranno di togliergli ciò a cui l'Acquario tiene sopra ogni cosa: la sua libertà.

A causa della proiezione, lui attribuirà questi difetti esclusivamente alla donna, mentre sarebbe fondamentale riconoscere che la gelosia, il senso del possesso, il risentimento e la vendetta fanno parte della sua anima e che smetterà di attirare donne di un certo tipo soltanto quando avrà accettato e riconosciuto queste particolari sfumature della sua parte femminile; solo il riconoscimento potrà infatti avviarne la trasformazione e la necessaria integrazione.

D. G. Rossetti, Pandora, 1869

E infine, sapere che la propria Luna si unisce a Marte, soprattutto con una congiunzione, un quadrato o un'opposizione, permetterà all'uomo razionale e distaccato di riconoscere che in lui alberga un'anima di Fuoco che ama battagliare ed indulgere nella lite, allo stesso modo in cui una Luna Marte negata nella donna la porterà ad attirare uomini violenti, che le rifletteranno quella parte di violenza che lei non riconosce di sé, ma che le appartiene tanto quanto le altre parti nobili in cui si è identificata.

Conoscere la propria Luna astrologica può insegnare all'uomo quali qualità dovrà portare dentro di sé, nutrendole in prima persona e facendole crescere, senza aver bisogno di viverle attraverso una donna, attraverso le emozioni dolorose che una relazione basata sulla proiezione finisce per procurare. Ciò che appare un destino malvagio e cioè l'incontro sempre con gli stessi problemi col femminile può essere così trasformato attraverso un profondo cambiamento interiore. Tutto questo è possibile solo grazie alla proiezione psicologica, che diventa il più valido insegnante della nostra psiche, per arrivare a conoscere quelle parti di noi che abbiamo negato.

Scrive Liz Greene ne "I complessi psicologici nell'oroscopo": "Siamo attirati verso coloro che possono svolgere i ruoli richiesti dal nostro dramma interiore perché il loro dramma interiore è il nostro. Allora viene dato ad essi un ruolo nella nostra rappresentazione, così come a noi viene dato un ruolo nella loro ed essi manifesteranno qualcosa che ci permetterà di portare alla coscienza le nostre profondità non sviluppate". [60]

Un esempio di proiezione psicologica.

"Ogni poliziotto è un criminale
e tutti i peccatori sono santi".

Rolling Stones, Sympaty for the devil, 1968

Per mettere l'accento sull'importanza che riveste, nei rapporti umani, la proiezione psicologica, farò un esempio in cui il pianeta Urano colora fortemente le personalità di una coppia e, di conseguenza, le scelte delle loro vite.

Nel corso degli anni infatti, ho notato come la proiezione psicologica si fa fortissima soprattutto quando si parla di pianeti transpersonali, Urano, Nettuno e Plutone, in particolar modo quando toccano i pianeti personali, Sole, Luna, Mercurio e soprattutto i pianeti della relazione, Venere e Marte.

Nel caso di Urano, diciamo subito che, all'interno della psiche, il pianeta simboleggia il bisogno costante d'eccitazione e di cambiamento; simboleggia la tensione verso il diverso e soprattutto verso il nuovo, anche perché – essendo il pianeta dell'individuazione – spinge l'individuo a

---

[60] L. Greene, I complessi psicologici nell'oroscopo, Astrolabio, Roma 2002, pag. 58

rinnovare continuamente se stesso, per non tralasciare nulla della conoscenza di sé, della sua totalità.

Quando poi, oltre a toccare i pianeti personali, si pone nell'oroscopo in settori collegati alla relazione, 4° e 7°, c'è sempre nella persona la necessità di integrare tra loro il bisogno di creare relazioni stabili e durature, non solo nell'ambito sentimentale ma relazionale in genere e il contemporaneo bisogno d'indipendenza da modelli imposti dalla tradizione, così come il bisogno di libertà ed autodeterminazione, simboli specifici di Urano.

E' chiaro che quando si porta quest'esigenza all'interno di una relazione sentimentale (ma si parla anche di relazioni familiari, parentali o interpersonali in genere), in cui tutti e due i partner hanno la stessa esigenza di libertà, anche se a livello inconscio, è necessario prendere quanto prima consapevolezza dei bisogni opposti che si muovono insieme nella psiche per esprimerli insieme e viverli in maniera equilibrata, senza essere costretti ad esprimerne uno e proiettare l'altro fuori di sè, proprio per quell'incapacità di trovare un bilanciamento nel viverli contemporaneamente, senza che creino problemi.

Ammettiamo che ci sia un soggetto maschile, che chiameremo Andrea, che presenta un Sole in Pesci e una Luna in Cancro congiunta a Urano, nel settimo settore dell'oroscopo, quello collegato al matrimonio, alle associazioni e alla relazione in genere.

Andrea, come spesso accade per il Segno dei Pesci, ha sempre dato un'importanza grandissima alla vita sentimentale; l'idea cosciente della relazione che lui ha in testa prevede un rapporto d'amore molto intimo, intenso, in cui le due persone si sostengono a vicenda e non si fanno mai mancare quell'appoggio in grado di garantire ad entrambe la sensazione di essere amate, apprezzate e al sicuro.

Ma soprattutto lui aspira ad un rapporto che duri una vita intera, convinto che il sentirsi felice dell'uno possa bastare a far sentire felice e soddisfatto anche l'altro; è questa per lui l'idea cosciente di "coppia ideale".

Andrea è anche convinto di dover condividere col partner non solo i momenti più importanti della sua vita, ma anche tutte le esperienze che lo riguardano: le soddisfazioni e le preoccupazioni del lavoro per esempio, ma anche le piccole cose del quotidiano, in un rapporto in cui le due persone si sentano come fuse e dipendano l'una dall'altra, ma soprattutto in uno scambio in cui l'uno sia di sostegno emotivo all'altro, in particolar modo nel momento del bisogno e della prova.

Questa è la sua aspettativa cosciente e cioè quello che lui elegge a suo unico modello possibile in una relazione amorosa. E' di solito questo il modello che ha nutrito nell'infanzia, ancor più fortemente voluto se è stato costretto ad assistere al fallimento del matrimonio dei suoi genitori.

In realtà a livello inconscio, se lui presenta nel tema la Luna in Cancro che si lega ad Urano, vorrà dire che intimamente la sua idea di relazione è molto più complessa: oltre al "bisogno lunare" d'amore e di sicurezza che è forte dentro di lui e che la Luna in Cancro colora anche d'emotività e di spinta alla totale fusione con l'altro, c'è anche un "bisogno uraniano" potente, assolutamente non riconosciuto, che gli chiede di mantenersi autonomo all'interno alla relazione; è un bisogno continuo di cambiamento, tanto quanto quello di stabilizzarsi e radicare, una necessità che gli impone di restare "libero nell'anima", autosufficiente all'interno di un rapporto dove ci siano spazi ben delimitati dove l'altro non potrà entrare, perché spazi considerati sacri per rispettare la propria individualità.

Ma Andrea non conosce affatto questo suo bisogno negato di libertà ed autonomia; lui immagina che il modello di relazione sia solo uno e cioè quello che ha accettato a livello cosciente, per cui, finchè non capirà che c'è qualcos'altro da illuminare della sua natura, s'impegnerà con costanza a cercare una donna che soddisfi soltanto l'ideale cosciente, mentre ignorerà e reprimerà il bisogno d'indipendenza e d'autonomia, seppellendolo nell'inconscio.

Ipotizziamo adesso che Andrea incontri Giulia, una Cancro con la Luna in Acquario opposta ad Urano che, dal primo momento viene vista dall'uomo come una persona sensibile, dolce e rassicurante, con la quale iniziare subito una relazione molto intensa, coinvolgente ed appassionata, così come di solito chiedono i Segni d'Acqua.

E sulle prime, tutto sembra funzionare a meraviglia: Andrea e Giulia s'incontrano continuamente fino al punto di andare a vivere assieme; vogliono condividere tutto e non si separano mai; abbandonano gli interessi personali che non piacciono all'altro; abbandonano spesso anche gli amici personali o tutt'al più conservano solo quelli che apprezzano come coppia e vivono così, l'uno per l'altro, nell'illusione di bastarsi a vicenda in uno stato d'amore perfetto e di completa fusione. Sono certi di aver finalmente incontrato "l'uomo e la donna ideale" della propria vita.

Ma quale ideale? Solo quello cosciente che, nelle prime fasi dell'innamoramento, sarà l'unico modello che vorranno esprimere e si permetteranno di rappresentare.

Poi, passato un certo tempo, ecco che improvvisamente, il bisogno negato di libertà che Andrea ha dentro di sé senza saperlo e che quindi è un aspetto della sua psiche completamente inconscio, "si sveglia" e si mette in azione e cioè pretende di essere espresso nella relazione, visto che tutti i nostri bisogni, coscienti ed inconsci, devono trovare una via per essere rappresentati, non sopportano di essere messi a tacere.

Ho notato inoltre che chi possiede Urano nel settimo settore dell'oroscopo, finchè vive da solo, riesce ad esprimere tranquillamente questo bisogno d'autonomia, bastando a se stesso, anche se aspira comunque ad una vita a due, coinvolgente ed appagante.

Così avviene per Andrea che, una volta che si è totalmente immedesimato nella vita di coppia, mentre rifiuta il bisogno d'autosufficienza che fa parte di lui, perchè lo vede una minaccia per la sua tranquillità, comincia ad appoggiarsi a Giulia e a coprirla di pretese. In più, visto che le parti inconsce non riconosciute perché mal giudicate o temute vengono proiettate all'esterno, Andrea proietterà il bisogno inconscio di libertà proprio su Giulia, che lo raccoglierà immediatamente grazie alla sua Luna in Acquario opposta ad Urano; e cioè Giulia comincerà a esprimere, al posto di Andrea, quello che lui non ha voluto vivere in prima persona: sempre più scontenta delle pretese di Andrea, comincerà a condurre una vita sempre più indipendente, convinta di stare operando non solo per la sua realizzazione ma anche per quella della coppia; starà così spesso via, anche perché, magari inconsciamente, sceglierà un lavoro molto impegnativo, che la porterà a lavorare lontano.

E quando Andrea le rimprovererà le sue assenze che per lui sono mancanze, lei non capirà, non comprenderà come mai Andrea l'accusi di essere inaffidabile, quando a lei sembra di impegnarsi pienamente per il bene di entrambi.

A quel punto, sentendosi giudicata, lei aumenterà a dismisura le assenze, le lontananze, accampando i motivi più svariati, fino al punto di mentire pur di fare quello che desidera e soprattutto per recuperare quel senso di stima personale e fiducia in se stessa che Andrea ha ormai demolito.

E più Andrea si mostrerà bisognoso d'attenzioni e di vicinanza, più Giulia si farà inaffidabile; più lui pretenderà che lei porti avanti il rapporto con responsabilità e senso del dovere, più lei si sottrarrà dall'impegno, non vorrà rinunciare a nulla di ciò che le piace, anche se quello che le piace fa soffrire Andrea.

In realtà, Giulia sarà impegnata a rappresentare Urano per entrambi, visto che Andrea è troppo intento a rappresentare la Luna per sè e per lei.

A lungo andare, il rapporto diventerà molto faticoso ed avvilente per tutti e due fino al punto in cui la relazione, se pur con molto dolore, ma anche con rabbia e risentimento da parte di entrambi, si dovrà chiudere.

Quello che è successo ad Andrea e Giulia potrebbe essere collegato alla difficoltà che hanno avuto entrambi i partner ad integrare tra di loro i simboli planetari di Luna e Urano, lavorando sull'ambivalenza dei propri bisogni; d'altra parte, il bisogno di unione e il bisogno di libertà apparentemente sembrano inconciliabili, per cui era quasi inevitabile che i due partner tacitamente si accordassero e si dividessero i due poli del problema con un accordo celato: Andrea, "la Luna" del rapporto, avrebbe interpretato il principio femminile d'unione per entrambi e Giulia, "l'Urano" della relazione avrebbe interpretato il principio maschile di libertà per entrambi; solo così il binomio poteva essere in qualche modo ricomposto e rispettato nella sua interezza.

Questo è il motivo per cui ad un certo punto la relazione dovrà entrare in crisi: per permettere ad entrambi i partner di "ritirare la proiezione" e riappropriarsi di quelle parti di sé negate e rifiutate a livello cosciente.

Il momento della fine della relazione è quindi un momento importantissimo in cui i due partner possono davvero riconoscere molti aspetti inconsci della propria natura e cominciare a toccare la propria totalità, recuperando non solo il rapporto con l'altro, ma soprattutto quello con la propria interezza. Questo permetterebbe anche di venire a capo di certi conflitti interiori che, se non illuminati, continueranno a riflettersi nelle relazioni all'esterno in una sorta di "Coazione a ripetere" sempre più frustrante.

Nel caso di Andrea infatti, c'è il rischio di inanellare una serie di relazioni deludenti in cui non è detto che sarà Andrea ad impersonare ancora una volta il principio "lunare" d'unione e la nuova compagna quello "uraniano" di libertà: infatti, lo schema si potrebbe ribaltare in un attimo e, proprio perchè Andrea ha sofferto tanto dopo essersi illuso di poter condividere con la sua partner ogni momento della sua vita; proprio perché ha dato tanto di sè, annullandosi e rinunciando spesso ai suoi desideri per amore di lei, avrà paura di soffrire di nuovo e sceglierà di risparmiarsi all'interno di una nuova storia d'amore. Essendosi trovato a dover rincorrere una donna che si è rivelata totalmente diversa da ciò che gli era sembrato al momento dell'incontro, Andrea vorrà mantenersi libero dentro, impegnandosi poco e soprattutto mettendo al primo posto il proprio riscoperto e tutto nuovo amore per la libertà.

A quel punto però, non attirerà nella sua vita una donna altrettanto libera ed indipendente, con la quale avere un rapporto paritario e leggero; una donna con cui divertirsi, in uno scambio disinvolto e senza pretese, attirerà piuttosto una persona debole e molto infantile, pigra ed indolente che non sa fare le cose da sola e che è in cerca di un padre più che di un compagno da amare. A quel punto sarà lei ad accusare Andrea di essere egoista, inaffidabile ed insensibile. Sarà lui "il crudele" della situazione, quello che fugge, che non s'impegna e che non si prende alcuna responsabilità.

L'insegnamento che può dare l'astrologia, soprattutto nei primi momenti in cui sboccia un nuovo amore, o quando si è usciti da poco da una storia dolorosa e si ha bisogno di avere di nuovo fiducia e di credere nella vita, è proprio quello di riconoscere dentro di sé i binomi inconciliabili della propria personalità, le ambivalenze e le contraddizioni, cercando di trovare all'interno della psiche una possibilità di un bilanciamento, senza finire nella necessità di dover scindere il binomio e proiettare il principio negato fuori di sé che, come in uno specchio, sarà riflesso dagli incontri che la vita porterà, per essere riconosciuto e finalmente integrato.

Parsifal e la ricerca del Graal.

> *"Sedetti sulla riva a pescare,*
> *con la pianura arida dietro di me.*
> *Riuscirò alla fine a mettere ordine nelle mie terre?"*
> *T.S. Eliot "The Wast Land"*

A conclusione di questo mio studio sugli archetipi maschili, riporterò la leggenda di Parsifal, da me considerata altamente rappresentativa del viaggio dell'uomo alla ricerca di se stesso, metafora esatta del "Processo d'individuazione" junghiano.

La leggenda ha molte varianti, scritte durante il XII e XIII sec., a volte contraddittorie tra loro, ma comunque legate ad un'unica matrice.

La prima versione letteraria del mito, che si rifà alle molte leggende del ciclo arturiano, è di Crétien de Troyes : "Le Roman de Perceval ou le conte du Graal", scritta tra il 1175 e il 1190 e commissionata da Filippo I d'Alsazia; la leggenda fu ripresa poi da Robert de Barron (1190 ca.) e Wolfram von Eschnbach (1207) e più avanti anche da T.S. Eliot nel suo "The Waste Land" del 1922, nonchè da R. Wagner, col dramma musicalle "Parsifal" del 1877.

Perceval, chiamato nelle altre versioni anche Parzival o Parsifal è di lignaggio nobile, figlio presumibilmente di Gamuret, valente cavaliere e della Regina del Galles, Herzeleide che, divenuta vedova e gravida di Parsifal, si trasferisce in una capanna nella foresta per timore di perdere l'unico figlio che le era rimasto, dopo la morte in battaglia del marito e degli altri figli. Parsifal cresce così puro e semplice, isolato dal resto del mondo e nella totale inconsapevolezza, a tal punto da non conoscere le sue nobili origini, il nome di suo padre, la sua storia.

Un giorno, incontra alcuni cavalieri che gli appaiono talmente meravigliosi nel loro incedere maestoso e nelle loro armature, da farlo decidere in un attimo di voler diventare cavaliere e, senza provare alcun moto di compassione verso la madre che sta per abbandonare, ma promettendo comunque di tornare, Parsifal si accoda a loro, dando il via al suo viaggio, mentre la madre muore di crepacuore a sua insaputa.

L'inizio della leggenda è il simbolo del bisogno che ogni uomo ha di esprimere se stesso, realizzando il suo mito personale.

La madre di Parsifal è il simbolo della fusione che si ha dalla nascita con l'archetipo della Grande Madre, intesa come luogo di simbiosi, protezione e cura, indifferenziato e soprattutto inconscio. La separazione dalla madre è la separazione della coscienza dall'inconscio, per acquistare consapevolezza e senso di sé. Ciò implica anche un ricongiungimento finale col femminino interno, un connubio tra *Animus* e *Anima,* dopo che si siano compiute tutte le tappe di conoscenza e sapienza che prevede il viaggio d'iniziazione.

Astrologicamente parlando, Parsifal è il Sole individuale che inizia il suo percorso alla nascita, staccandosi dall'utero materno per compiere se stesso; ciò significa che nel segno del Sole c'è anche il simbolo della continuità della vita. Non a caso, il mito di Parsifal è messo in analogia col Segno regale del Leone, unico Signore del Sole tra tutti i Segni zodiacali. Il mito di Parsifal è il mito del Leone e il mito del Leone è la ricerca del Sé.

Spesso, così come Parsifal, il Leone è orfano di padre, oppure ha un rapporto non facile con lui, quasi a significare che è proprio quest'assenza di paterno a determinare l'impulso alla scoperta della propria identità maschile, delle proprie radici spirituali più che esistenziali, a dar vita a quel rinnovamento interiore che di solito si avverte nella seconda parte della vita, quando nella prima ci si era mossi senza farsi troppe domande, ma piuttosto impegnati ad affermarsi nel mondo degli altri, tutti tesi ad apparire, mostrare, fare, creare per gli altri per avere approvazione, quando in realtà il Leone si compie soltanto quando inizia a creare per sé e soprattutto "in" sé.

Allo stesso modo, il viaggio alla ricerca del Graal avrà due tappe, la prima significativa del momento adolescenziale dell'affermazione che il giovane ha di se stesso e della propria identità, la seconda espressione della crisi di mezz'età, quando crollano alcune certezze e si sente di dover riprendere in mano la propria storia e soprattutto le proprie mete, per dare una nuova direzione alla propria esistenza.

Parsifal è anche di stirpe nobile, questo per significare che "Re si diventa e non si nasce", bisogna cioè impegnarsi per acquistare quelle doti di coraggio, creatività e capacità di accogliere il cambiamento, che sono proprie dell'archetipo maschile compiuto.

Ottenuto di poterli seguire, Parsifal interroga i cavalieri su come poter diventare come loro: dovrà recarsi alla corte di Artù dove dovrà dare prova di forza e coraggio e potrà a quel punto diventare un cavaliere del Re. Giunto al Castello, a Camelot, Parsifal viene deriso per la sua ingenuità, schernito ed umiliato perché lontanissimo da come avrebbe dovuto apparire "un cavaliere". Nonostante questo, il giovane insiste nel suo proposito, accetta la sfida del Cavaliere Rosso, il più forte tra tutti e la vince, fregiandosi, come l'Heracle greco fece con la pelle del leone di Nemea, dell'armatura fiammeggiante del rivale. Diventa così cavaliere della Tavola Rotonda di Re Artù, mentre suo mentore e consigliere sarà Gornemant di Gorhaut, che lo avvierà alle arti della cavalleria, all'uso della spada e farà di lui un giovane valente, istruito, garbato e ammirato da tutti. A Camelot, Parsifal conosce anche Biancofiore, nipote di Gornemant, che si innamora perdutamente di lui. Nonostante egli senta di ricambiare questo grande amore e s'unisca a lei, si ricorda improvvisamente della madre abbandonata e decide di tornare sui suoi passi per andarla a cercare, lasciando Biancofiore nella più cupa disperazione.

Quando non si è ancora entrati nel profondo di sé, si rimane ad uno stadio di pura incoscienza, la consapevolezza è ancora lontana e non serve un'età anagrafica avanzata per dare prova di ciò che ancora non c'è; se manca il contatto con l'anima, si è ancora in uno stadio infantile della coscienza, che comunque non rinuncia alla propria ambizione di aprirsi all'inconscio.

Anche la lotta con il Cavaliere Rosso è simbolo di una coscienza non ancora matura: ogni conquista è portata avanti soprattutto per gratificare il proprio Ego, per affermare la propria forza e maestria negli scontri diretti, rincorrendo soltanto il bisogno di vincere. Gornemant è lo specchio della capacità di Parsifal di credere in se stesso, di volersi impegnare per diventare un uomo di valore non soltanto fisico, ma soprattutto psicologico e spirituale.

E infine Biancofiore è il simbolo dell'amore carnale, primo passo indispensabile per fare esperienza diretta di un qualcosa che non era mai stato provato; è infatti l'istinto che, in giovane età, può aprire all'inconscio. L'incontro con Biancofiore è anche metafora del desiderio che Parsifal ha di credere in se stesso e nel suo "essere uomo", nel rispetto della propria virilità, intesa come comunione della parte maschile e di quella femminile della propria psiche e non solo come espressione di conquista amorosa e potenza sessuale.

Parsifal comincia ad aprirsi al mondo, dopo essere stato tenuto lontano dalla conoscenza: la madre sapeva, i cavalieri sapevano, chi lo aveva accolto a Camelot sapeva, lui no, non era ancora entrato in questo mondo proibito e questo divieto era bastato per spronarlo a non fermarsi, a cercare risposte e ad andare avanti.

Scrive Murray Stein nel citato "Il principio d'individuazione": "Il desiderio di conoscere per se stessi è una forza propulsiva dell'individuazione e si manifesta a molti livelli della vita emozionale e cognitiva. Non riguarda soltanto il sesso e il piacere. Riguarda anche la scienza. L'impulso a sapere ci separa da coloro che non sanno e da coloro che non vogliono che noi sappiamo. Quanto più sappiamo tanto più ci allontaniamo dal collettivo. [...] L'impulso a conoscere e l'impulso a crescere si alleano contro il desiderio di restare fermi e di farlo al sicuro, mescolati tra la folla". [61]

---

[61] M. Stein, Il principio d'individuazione, Moretti e Vitali, Bergamo 2010, pag. 57

La spinta a realizzare il proprio progetto di vita è irresistibile.

Parsifal non si può fermare perché ha imparato soltanto a muoversi nell'ambiente della cavalleria; Gornemant gli ha insegnato a dimostrarsi un cavaliere perfetto, ma tutto si è svolto in un contesto prettamente materiale; Parsifal sente di essere ancora ignaro del significato della propria esistenza ed intimamente sa che il viaggio non può ritenersi concluso.

Nell'abbandonare Biancofiore, Parsifal potrebbe apparire crudele, ma il pensiero che torna indietro alla madre esprime la volontà d'incontrarsi con la propria anima, di quell'incontro tra il maschile e il femminile interno che non può riassumersi semplicemente in un atto sessuale. "Ritrovare la madre" simboleggia per ogni uomo ritrovare una parte fondamentale della propria natura, quella che permetterà di spiccare il salto verso lo Spirito, verso il ricongiungimento dell'Io con il Sé.

Dopo quattro giorni di cammino, Parsifal arriva a ridosso di un fiume che non appare superabile, finchè si materializza all'improvviso una barca con due uomini a bordo, che lanciano le reti e si mettono a pescare. Parsifal li chiama e chiede loro se sia possibile attraversare il fiume; è a quel punto che uno dei due pescatori gli suggerisce di ritornare indietro, perché solo così potrà vedere una casa dove fermarsi e trovare riparo. Tornato così sui suoi passi, Parsifal non riesce a vedere nulla che assomigli ad una dimora, ma fattosi più attento, ecco che si para di fronte alla sua vista uno splendido castello, è il Castello del Graal. Il portone è aperto, Parsifal sembra atteso e non esita ad entrare. Viene ricevuto dal Signore del castello, il Re Pescatore, discendente diretto di Giuseppe d'Arimatea, che appare triste e si scusa di non poter accogliere l'ospite come vorrebbe, causa una dolorosa ferita alla coscia, che lo tormenta senza poter guarire. A causa di questa ferita, tutto il regno langue nella più cupa desolazione: le terre sono aride e regna la carestia. Finchè il Re sarà malato, nulla potrà più crescere e fiorire. Il Re lo invita comunque ad assistere ad un magnifico banchetto che si svolgerà quella sera stessa nella liturgia del venerdì santo, durante la quale Parsifal assisterà ad una prodigio sorprendente, definito nell'opera musicale di R. Wagner l' *"Incantesimo del venerdì santo"*: è la processione del Graal.

Spesso, quando siamo troppo concentrati sull'esterno, sul "vedere" più che "sentire", non riusciamo a cogliere i segnali che vengono dall'inconscio.

Ignoriamo simboli, sincronie, sogni, intuizioni, lampi di futuro e soprattutto neghiamo tutto ciò che non si allinea a quanto la mente prende a modello e che non rispecchia quelli che sono gli esempi di perfezione interiori. Sarà allora proprio quello il momento in cui ci sarà bisogno di "tornare indietro" così come accade a Parsifal, ripercorrendo la strada fatta per riuscire a cogliere quelle sfumature che ci sono sfuggite.

Scrive Aldo Carotenuto, psicoterapeuta junghiano: "Bisogna comprendere l'importanza di questo processo di autoconoscenza, il quale procede seguendo un percorso, per così dire, a spirale. Esso non è mai un dipanarsi lineare di sola ascesa, ma un procedere vario che comporta anche l'arresto o la retrocessione, il ritorno ai luoghi delle origini della propria "archè", quel "da dove" che spiega e chiarifica il nostro "andare verso".[62]

"Gli insegnamenti", quindi, non possono essere soltanto terreni; c'è sicuramente bisogno di approfondire il viaggio di conoscenza interiore, fermarsi, raccogliersi dentro di sé, riflettere e per così dire "rimuginare" percorrendo un viaggio a ritroso, in cui ritrovare il senso spirituale della propria esistenza, che era stato ignorato. Ecco allora che, quasi miracolosamente, proprio perché si è in ricerca, si possono materializzare simboli e situazioni che ci offrono la risposta: la via appare chiara, la strada in discesa.

Astrologicamente parlando, ciò accade soprattutto dopo i quarant'anni, col transito di opposizione di Urano all'Urano di nascita. Gli episodi sincronici si fanno sempre più numerosi, succede "qualcosa", un fatto, un incontro che cambia il corso degli eventi, che apre al cambiamento, quando siamo noi stessi che desideriamo cambiare.

Si tratta di momenti "sacri" che non bisogna ignorare: sono loro che aprono la strada alla crescita personale. E infatti, Parsifal trova aperto il portone del Castello, è quasi costretto ad entrare, come a dire che quando l'inconscio chiama per uno scatto in avanti, la coscienza è pronta per ascoltare i suoi insegnamenti, anche se la mente, umanamente, frena.

Di solito ciò accade ogni sette anni, per una sorta di coazione a ripetere: cambiano i luoghi, cambiano le persone, le situazioni, ma lo schema rimane fisso, uguale a se stesso: può riguardare un fattore sentimentale oppure lavorativo o relazionale in genere; può riguardare il rapporto con un capoufficio, o con un partner o con un parente oppure un amico, ma in tutte queste relazioni nasce l'esigenza di cambiamento, c'è qualcosa che deve

---

[62] A. Carotenuto, Integrazione della personalità, Bompiani, Milano 2007, pag. 119

crescere. Si tratta quindi di una sorta di "chiamata" a cui rispondere e lo si potrà fare con maggiore o minore consapevolezza rispetto all'esperienza precedente, a seconda della personale evoluzione interiore, a seconda di quanto l'Io abbia imparato ad ascoltare i segnali dell'inconscio, di quanto l'individuo sia disposto a mettersi in discussione, rivedendo posizioni, preconcetti e rigidità mentali; a seconda di quanto l'individuo sia aperto a crescere in consapevolezza, al di là del successo, dell'approvazione e del consenso che riceve dal mondo.

Il Re Pescatore ferito, al pari del centauro Chirone, che non può guarire e nemmeno morire, è il simbolo delle ferite interne che ancora sanguinano e che vanno sanate; sono quelle più dolorose perché riguardano gli irrisolti interiori, i sentimenti più cupi, i complessi, le paure, le rabbie, che vanno lasciati andare per farli guarire. La ferita alla coscia, organo di movimento, è il simbolo dell'insensibilità e della mancanza di compassione che attanaglia l'uomo moderno, tutto concentrato sul movimento da cui fa dipendere successo e gratificazioni.

La "ferita" è la sua incapacità ad essere spontaneo, a ridere e a piangere se ne sente il bisogno, per quel voler apparire sempre come in realtà non è, solo per obbedire a quell'immagine che l'Io ha di sé e che non lo rappresenta nella sua totalità. La ferita del re Pescatore, in alcune versioni, è sui genitali: in questo caso è il simbolo di un'autostima danneggiata, di una virilità disprezzata, dell'incapacità di dare valore alla propria mascolinità, al proprio "essere uomo". Tutto è arido e sterile intorno al Re Pescatore, ma solo perché l'impotenza è interna e specchio della scarsa stima e del perduto amor di sé.

E quindi la ferita è anche l'incapacità di contattare la propria anima e di ascoltare i suoi insegnamenti. Non si riconosce più l'importanza dei veri valori, dei sentimenti, della solidarietà, della fratellanza, della *pietas*, dell'amore. Si fa finta di niente e si continua così ma senza soddisfazione; i valori collettivi che subentrano automaticamente non riempiono il vuoto interiore, manca ancora il significato spirituale da dare alla propria vita, o come direbbe Jung: "manca l'archetipo del significato: la ricongiunzione col Sè".

La processione che sfila di fronte agli occhi di Parsifal vede alla testa un paggio che porta una lancia bianca sanguinante, *la lancia di Longino*, che aveva trafitto il costato di Cristo sulla croce; seguono poi altri due paggi che sostengono due candelabri e due figure femminili: la prima è una fanciulla che regge tra le mani il *Graal,* un recipiente simile ad una coppa che sprigiona una luce abbagliante dal suo interno e quindi una donna che porta un vassoio d'argento. Mille domande si affollano nella testa di Parsifal ma, ricordando le parole del suo mentore Gornemant che gli aveva suggerito di mantenersi in silenzio per non apparire sciocco o impreparato e, soprattutto, ignorante, il giovane tace sulle domande che avrebbe dovuto fare: "Qual è la ferita del Re Pescatore?", "Perché la lancia è sanguinante?" e soprattutto "Chi serve il Graal?". Continua invece a mangiare e a chiacchierare di cose futili e di poca importanza.

Questo è un momento cruciale per il viaggio d'individuazione. E' quando bisognerebbe abbandonare posizioni radicate e aprirsi alla volontà del Sé, perché è nel Sé che risiedono le risposte. Ignorare questi inviti interiori è un atto di superbia, di convinzione di essere sempre nel giusto, di non avere bisogno d'aiuto.

In questo passaggio, Gornemant è il simbolo dell'archetipo dello Spirito ma quando sia negativo, quando spinga in direzioni che appaiono fuorvianti, o basate su pregiudizi o pretesti senza senso.

Colpisce poi in particolar modo che Parsifal non chieda quale sia la ferita che così tanto fa soffrire il suo ospite, rivelando una totale mancanza di compassione e soprattutto che non lo incuriosisca una scena così particolare; Parsifal fa finta di nulla, continua a mangiare e a parlare, non chiede e quindi non sa. Parsifal non si stupisce, quando "l'esperienza dello stupore" è – secondo l'Alchimia – il primo stadio di apertura alla conoscenza di sè.

Quando Parsifal si sveglierà il giorno dopo non troverà più anima viva. Le porte sono rimaste chiuse, il Re Pescatore e il suo seguito sono spariti. Troverà però il suo cavallo già serrato, nonché la spada e lo scudo appoggiati ad un angolo, a sua disposizione, il ponte levatoio abbassato: il viaggio deve continuare. Chiama però l'ultima volta per accertarsi che davvero non ci sia nessuno; non ricevendo risposta, fa per attraversare il ponte levatoio che si alza all'improvviso, ma grazie a un balzo del suo cavallo, il giovane riesce ad andare al di là. E' in questo momento che Parsifal si ritrova in una foresta buia, solo e sperduto, perso e senza poter contare su anima viva.

Anche questo è un altro momento cruciale per il viaggio di conoscenza: dopo glorie ed onori, dopo essere stato messo a parte di un evento straordinario, Parsifal si ritrova completamente solo e spaventato. Lui, conosciuto ed apprezzato da tutti come cavaliere forte e coraggioso, deve ricominciare tutto da capo, il suo viaggio non lo ha portato a nulla se non alla consapevolezza che non ha ancora ritrovato il Graal.

Durante il viaggio d'individuazione, di solito passati i quarant'anni, ci si può trovare in un momento difficile e ci si sente smarriti, "nella foresta".

Si tratta di solito di momenti liminali, in cui vengono persi solidi punti di riferimento e franano molte certezze: può terminare un rapporto d'amore per esempio, una relazione, un lavoro; si possono perdere alcune sicurezze esistenziali; si vacilla così tra due stati dell'essere, senza che ancora uno dei due possa essere scelto e l'altro abbandonato. Credenze, pensieri, sentimenti, conformismi ed idealizzazioni vengono messi in discussione, ma ancora non si è sicuri di aver imboccato la strada giusta per superare il momento di crisi; di aver compiuto le scelte giuste, i passi necessari a proseguire nel migliore dei modi il viaggio di scoperta del proprio Sé.

Il ponte levatoio che si alza è il simbolo di questi dubbi e delle incertezze che subentrano prima di superare una certa soglia; è il simbolo della paura e delle remore ad affrontare l'ignoto, ma il balzo del cavallo in avanti rappresenta non solo la dose d'energia istintuale, vera riserva dell'uomo, ma anche l'altrettanto forte volontà di proseguire il viaggio, di entrare finalmente in contatto col proprio "essere uomo". Anche se teme di stare per fare "un salto nel buio", l'individuo/Sole non può fermarsi, è tutto qui lo scopo del viaggio: crescere ed avanzare, se lo si vuole intensamente non si può che andare avanti. Ci sono spada e scudo per difendere l'Io dagli assalti dell'inconscio, se si resta saldi nel proprio proposito di evolvere, la foresta non fa paura, perché si sente che, se ci si perde, accade soltanto per ritrovarsi più forti e motivati di prima.

Parsifal vagherà per cinque anni alla ricerca del Graal. Tornerà per prima cosa a Camelot, per ripartirne quasi subito con questi propositi:

"Per tutta la vita non avrebbe trascorso due notti consecutive nello stesso posto, né avrebbe udito parola di un passaggio pericoloso senza tentare di superarlo, né

avrebbe udito di un cavaliere più forte di qualsiasi altro senza andarlo a sfidare, finchè non avesse saputo a chi era destinato il Graal e non avesse trovato la lancia sanguinante e scoperto il vero motivo per cui sanguinava; non avrebbe mai rinunciato, qualunque cosa fosse accaduta".

Durante il viaggio Parsifal fa diversi incontri, soprattutto femminili: ancora una volta nella ricorrenza del Venerdì Santo incontra una fanciulla che piange il fidanzato morto; una giovane maltrattata che si lamenta e si dispera, una strega orribile a vedersi che cerca di sedurlo, una donna ammantata di un velo tempestato di stelle e tre cavalieri. Giunge alla fine al castello dell'eremita, il fratello del Re Pescatore; è in questo castello che si trova il Graal ed è qui che può concludersi il viaggio. L'Eremita, che lo mette al corrente che il Re Pescatore è suo zio, lo confessa durante la Quaresima e finalmente c'è la sua redenzione.

Con la redenzione del giovane si conclude il racconto di Crétien de Troyes. Diverse furono le versioni che vollero dare una diversa conclusione al mito, alcune delle quali vedono Parsifal tornare dal Re Pescatore, che lo guarirà col tocco della lancia. Il Re Pescatore morirà col rifiorire del suo regno e Parsifal diventerà il nuovo sovrano, custode e finalmente ormai consapevole che "Il Re del Graal serve il Graal".

L'errare di Parsifal è simbolo di un momento liminale nella vita dell'uomo, in cui si compiono molte azioni, nel lavoro, nelle relazioni ma manca la soddisfazione. In questi periodi di transizione, bisogna operare una trasformazione interiore in cui bisogna avere coraggio, così come coraggio aveva dimostrato Parsifal nel tornare indietro, a costo di apparire "un puro folle, illuminato dalla pietà", così come lo definisce Richard Wagner nella sua Opera musicale.

Il termine "coraggio" viene dal latino, da "cor, cordis", "cuore", perché agire "col cuore" diventa l'unica possibilità per progredire nel giusto, per fare tesoro degli insegnamenti della vita. Bisogna avere coraggio come ha dimostrato di avere Parsifal che, nel suo giuramento sacro, si dimostra certo e determinato di voler perseguire una meta. Non si può avere coraggio se la meta non c'è, se la meta è vaga, se la meta è di qualcun altro, o messa continuamente a rischio da falsi pretesti. Le figure femminili che Parsifal incontra sono i richiami dell'anima dell'uomo, che lo vuole più sensibile e attento al suo lato femminile, educando l'istinto ed aprendosi alla condivisione, alla *pietas* e alla compassione. L'orribile strega Kundry, presente nell'opera di Richard Wagner, che tenta di sedurre Parsifal senza riuscirci, è il simbolo della lotta della parte razionale della psiche su quella istintiva, che non va disconosciuta, ma semplicemente padroneggiata e messa al proprio servizio. Infine Parsifal è il simbolo del Sole astrologico che si mette in viaggio senza esitare, perché sa che nel viaggio troverà le risposte che sta cercando.

Scrive l'astrologo umanistico Dan Rudhyar: "La personalità perfettamente integrata rivela nel modo più completo possibile la forma dell'Uomo generico nel profilo del suo carattere, della sua coscienza e del suo destino. Il più individuale diventa il più universale proprio perché è il più individuale. Diventa un "Eroe solare", un Esemplare o una Manifestazione, le cui gesta e la cui personalità sono significative a livello universale". [63]

In questi momenti di conoscenza e trasformazione, si può crescere attraverso la sofferenza, attraverso le sconfitte, perché si sa che la vittoria sarà quella finale; in questi momenti s'impara che si possono deludere le aspettative degli altri, che ci si può vedere meno perfetti e completi, ma anche molto più umani; è questo il momento in cui si possono riconoscere i fallimenti, gli errori di valutazione e quelli di presunzione e si può farlo con obiettività, con una ritrovata e santa umiltà. Va tutto rimescolato nel grande calderone del Graal, per dargli nuova forma, un altro respiro, un'altra storia: la propria. Non a caso, per i Celti il calderone precursore del Graal conteneva tutto il bene e tutto il male del mondo; come l'inconscio che chiama l'uomo dal futuro per fargli abbandonare quanto è zavorra del suo passato e aprirsi ad una nuova vita, ad un nuovo senso di sé.

E' così che la ricerca del Graal per ricevere onori e riconoscimenti cede il posto alla ricerca per raggiungere la propria integrità interiore, la vittoria sulla dualità, la ricongiunzione degli opposti, la propria libertà.

Alla fine del viaggio Parsifal, orfano di padre, è diventato "padre di se stesso" perché, ormai connesso con l'autorità interiore, ha scoperto il contatto col Divino grazie alla sua umanità, ha scoperto la capacità di perdonare, di amare davvero, ha scoperto il dono di sé.

---

[63] D. Rudhyar, *L'astrologia della personalità*, Astrolabio, Roma 1986, pag. 178

D. G. Rossetti, Il Santo Graal, 1874

Conclusioni.

*"Non c'è una strada per la felicità,
la felicità è la strada".
Buddha Siddhartha Gautama*

Si chiude qui il mio studio sul mondo degli archetipi mitici maschili.

Ogni archetipo racchiude in sé sia il riconoscimento della fallibilità umana, sia l'anelito imprescindibile al "sacro".

Il viaggio d'individuazione junghiano è l'incontro col divino interno, attraverso la scoperta di quegli dei che muovono la psiche, da onorare e rispettare perché espressivi della propria natura essenziale. Si tratta di un percorso di guarigione e reintegrazione della psiche, che però non può compiersi se non attraverso un atto di coraggio, perché trovarsi di fronte alla propria verità implica necessariamente un atto di coraggio, così come la capacità di interrogarsi, facendo a se stessi domande sincere.

Tanto quanto Parsifal raggiunge il Graal solo facendo la domanda giusta, tanto quanto l'uomo moderno può interrogarsi su cosa lo appassiona, così come su cosa lo affligge, ma soprattutto su ciò che del suo viaggio di ricerca interiore ancora gli sfugge o non risulta compreso.

Per far questo, deve porsi in una condizione di ascolto, di attenzione a se stesso e non più ai modelli esterni che lo vorrebbero inquadrare in schemi precostituiti. Per l'uomo è certamente importante conformarsi al gruppo, sentire di poter contare su un aiuto solo perché si appartiene ad una comunità dall'unico pensiero. Eppure, non ci potrà mai essere soddisfazione personale senza un'adesione completa ai modelli interiori, ai propri archetipi divini, che spingono verso la verità. Scoprire quali siano questi modelli interiori, quale dio si muove dentro di lui, da quello che maggiormente lo rappresenta a quello ignorato, può aiutare l'uomo moderno ad esprimersi in pienezza, a conquistare ciò che più lo appaga, che dà senso e significato alla sua esistenza.

Soltanto mantenendo il contatto col proprio cuore, l'uomo in ricerca riuscirà a mettere se stesso in quello che farà e si sentirà pronto per nuove conquiste, nulla lo potrà fermare. Rifiutando di fare scelte per desiderio di potere, ma agendo soltanto per amore, potrà operare per il suo futuro spirituale, perché sarà sempre in grado di riconoscere ciò che desidera davvero, ciò che lo chiama, perché solo ciò che lo chiama è giusto per sé.

A quel punto "la felicità diventa la strada", perché ogni passo che guiderà la nostra vita avrà come meta l'aderenza alla verità personale, alla personale natura essenziale.

L'astrologia può essere un grande aiuto per individuare lo scopo di questo viaggio interiore.

Infatti, conoscere le mete del proprio Sole astrologico, nonché il significato del settore dell'oroscopo in cui è collocato, conoscere anche la propria Luna e sapere ciò che la emoziona, che la fa vibrare, è fondamentale per uomo e donna, per ottenere quella soddisfazione interiore che si ottiene quando si è motivati, quando si sa ciò che si desidera, per cui si è disposti a lottare, a non arrendersi mai; così come un eroe che si mette in viaggio per compiere il suo destino, altrettanto ogni creatura deve mettersi in viaggio per individuarsi come persona autonoma, indipendente e creativa, rispettando e realizzando il progetto per cui la sua anima si è incarnata e che da sempre porta con sé.

Sole e Luna, Rosarium Philosophorum, 1550

BIBLIOGRAFIA

C. G. Jung, Tipi psicologici, Bollati Boringhieri, Torino 1968

C. G. Jung, Ricordi, sogni, riflessioni, Bur Milano 2016

C. Vogler, Il viaggio dell'eroe, Dino Audino Editore, Roma 2017

R. Assagioli, Psicosintesi, Astrolabio, Roma 1993

C. G. Jung, L'uomo e I suoi simboli, Longanesi, Milano 2013

J. S. Bolen, Gli dei dentro l'uomo, Astrolabio, Roma 1994

C. G. Jung, Prolegomeni allo studio scientifico della mitologia, Bollati Boringhieri, Torino 1964

L. Greene, La relazione interpersonale, Astrolabio, Roma 1989

C.S. Pearson, Risvegliare l'eroe dentro di noi, Astrolabio, Roma 1992

L. Greene, Astrologia e Destino, Armenia, Milano 2004

L. Greene, H. Sasportas, Lo sviluppo della personalità, Astrolabio, Roma 2009

A. Carotenuto, Integrazione della personalità, Bompiani, Milano 2007

M. Stein, Il principio d'individuazione, Moretti & Vitali, Bergamo 2006

G. Ciappina, P. Caprini, Manuale di Cinematerapia, Utilizzare il cinema come strumento di sviluppo personale, Edizioni Istituto Solaris, Roma 2007

H. Oldenberg, Die Religion des Veda, Berlino 1894

C. G. Jung, La simbolica dello spirito, Einaudi, Torino 1975

M. Ceri, Storia di un Matto che diventò Mondo, Alter Ego s.n.c, Viterbo 2017

C. P. Estés, Donne che corrono con i lupi, Edizioni Frassinelli, Padova 2009

A. de Saint-Exupéry, Il Piccolo Principe, Bompiani, Milano 2000

M.-L. von Franz, Le fiabe interpretate, Bollati Boringhieri, Torino 2012

J. Hillman, Re-visione della psicologia, Adelphi, Milano 1983, e-book

M.-L. von Franz, Il principio di individuazione, ne C.G. Jung, L'uomo e i suoi simboli, Tea, Milano 2013

J. L. Henderson, Miti antichi e uomo moderno, ne C.G. Jung, L'uomo e i suoi simboli, Tea, Milano 2013

A. Jodorowsky, M. Costa, La via dei Tarocchi, Feltrinelli, Milano 2009

C. G. Jung, La psicologia dell'inconscio, GT Newton, Roma 1989

S.G. Freedman, Why Artists Pay the Wages of Creativity, in San Francisco Chronicle, dicembre 1985

L. Greene, Dalle conversazioni di Jung con Frances Wickes in La relazione interpersonale, Astrolabio, Roma 1989

H. Sasportas, Gli dei del cambiamento, Astrolabio, Roma 1989

C.S. Pearson, Risvegliare l'eroe dentro di noi, Astrolabio, Roma 1992

Sun Tzu, L'arte della guerra, Mondatori, Milano 2010

R. Tarnas, Prometheus the Awekener, Auriel Press, Oxford 1993

W. Otto, Gli dei della Grecia, Adelphi Edizioni, Milano 2016

F. W. Nietzsche, Le grandi opere, Newton Compton, Roma 2011

L. Greene, Astrologia e Amore, Astrolabio, Roma 1994

Vincent Van Gogh, Lettere a Theo, Guanda, Parma 1984

L. Greene, I complessi psicologici nell'oroscopo, Astrolabio, Roma 2002

D. Rudhyar, L'astrologia della personalità, Astrolabio, Roma 1986

Tutte le immagini sono tratte dalla raccolta immagini di Google

www.ingramcontent.com/pod-product-compliance
Lightning Source LLC
Chambersburg PA
CBHW060512290526
45791CB00001B/368